JN409805

주기도문

문(門)
성경의 문으로 들어가서
창(窓)
하이델베르크 창으로 보는

최영인 지음

주님께서
제자들에게
가르쳐
주시는
기도

예사람
예수닮기를소망하는사람들

머리말

기독교 신앙에서 '신(信)'은 믿는다는 뜻입니다. 성경은 구원의 길이 바로 예수님을 믿는 것이라고 가르치고 있죠. 그런데 '믿는다'는 행위도 중요하지만 그보다 더 중요한 것은 '무엇을' 믿고 있느냐가 아닐까요? 그래서 예수님께서도 마태복음 16장 17-18절에서 신앙고백 위에 교회를 세우겠다고 말씀하셨고, 예수님께서 하늘로 올라가신 후 초대교회 또한 신앙고백을 중요하게 생각하고 믿음의 내용이 무엇인지를 힘써 가르쳤습니다. 종교개혁 이후 개혁교회에서도 교회가 바른 신학, 바른 목양, 바른 신앙을 견지하기 위한 가장 중요한 초석은 신앙고백적 공동체가 되는 것이라고 보았습니다. 그래서 역사정통적인 신앙고백을 요리문답의 형태로 만들어서 가르치는 일을 교회의 가장 본질적인 사역으로 삼았죠.

그런데 오늘날은 어떻습니까? 많은 교회가 우리에게 소중하게 전수되어온 신앙의 고백을 너무나 쉽게 버리고 있습니다. 더 이상 교회의 표준문서들을 가르치지 않습니다. 그 결과 설교강단은 바른 교리와 성경해석을 가르치기보다 설교자 개인의 말솜씨와 지혜를 뽐내는 잔치로 전락해버리지는 않았는지요? 오늘날 교회를 굳게 세우고 강단을 회복하여 성도들의 신앙이 자라고 성숙하기 위해서는 이러한 간절함을 회복해야 합니다. 신앙고백을 회복하는 것이 신앙회복의 출발점입니다.

개혁교회에 전수되어 온 귀한 표준문서들이 많이 있지만 고대로부터 사도신경, 주기도문, 십계명은 종파를 초월하여 사랑받아 온 귀한 믿음의 유산이었습니다. 칼뱅의 『기독교 강요』, 하이델베르크 요리문답, 웨스트민스터 신앙고백 등 많은 신앙고백서가 이 세 문서를 해설하고 있다는 점은 그만큼 사도신경, 주기도문, 십계명이 기독교 신앙고백의 핵심이라는 점을 귀띔하고 있지 않습니까? 고린도전서 13장 13절의 믿음, 소망, 사랑을 가장 잘 드러낸 표현이 각각 사도신경, 주기도문, 십계명이라고도 하는데요, 일리가 있다고 생각합니다.

특히 주기도문은 단순히 '이렇게 저렇게 기도하세요' 가르치기보다, 어떤 기도가 하나님을 기쁘시게 하는 기도인지, 기독교인은 무엇을 소망하며 살아야 하는지를 분명하게 가르쳐 줍니다. 오늘날 많은 사람이 기도를 나의 이기적이고 탐욕적인 도구로 이해합니다. 기도가 하나님을 이용해서 이 땅의 향락과 유익을 얻는 도구로 전락한 이 시대를 향하여, 주기도문은 예수님의 몸인 교회가 하나님의 나라와 그의 의를 구하며 '우리'라는 참된 이웃으로 함께 어울리는 삶의 변화를 지향해야 한다고 강변합니다.

본서는 이처럼 귀한 주기도문을 서툰 필치와 아둔한 말로 풀어 보려고 합니다. 성경의 '문(門)'과 요리문답의 '창(窓)'을 동시에 열어 주기도문을 해설하고자 하는 것이 주된 목표입니다. 특히 성경신학적으로 헬라어 원어를 분석하며 역사전통적인 하이델베르크 요리문답의 해석에 귀를 기울이며, 성경의 문으로 들어가서 요리문답의 창으로 나와 삶의 적용까지 담아내고자 애썼습니다. 단순히 책상에서 쓴 연구결과가 아니라 성도들의 삶의 구체적인 현장을 고민하며 설교한 내용이며, 서로 나눌 수 있는 구역공과로도 활용이 가능합니다.

본서가 나오기까지 성삼위 하나님의 인도에 따라 수고하신 많은 분들이 있습니다. 먼저 출판을 허락해 주신 사월교회 당회원들께서 교회의 신령적 총찰을 함께하는 동역자로서 적극적 지지와 기도로 동참해 주셨고, 교역자들도 열과 성을 다하여 함께 교정과 편집에 수고하였습니다. 또 많은 성도들이 동역해 주신 보이지 않는 노고가 있었기에 이 책이 나올 수 있었습니다. 이 자리를 빌어서 감사를 드립니다. 이 책이 성삼위 하나님의 나라와 이름과 뜻을 위하여, 이 글을 읽는 독자들의 거룩한 성장을 위하여 미력하게나마 쓰일 수 있기를 바랄 뿐입니다.

저자 최영인 목사 올림

추천사

흔히 믿음에는 세 가지 요소가 있다고 말합니다. 우리의 전인격을 뜻하는 '지, 정, 의'가 그것입니다. 이 세 가지 요소가 균형을 이룰 때 건강한 믿음이라 말할 수 있습니다. 그런데 현실을 보면 이 세 가지 요소 중에서 감정적인 부분이 유독 강조되는 것을 볼 수 있습니다. 내 마음을 울리는 감동이 있어야 비로소 은혜 받았다고 말합니다. 이런 분위기일수록 더욱 중요해지는 것은 하나님은 누구시며, 그 분은 무엇을 하셨고, 무슨 말씀을 하셨는지 제대로 아는 지식이라 할 수 있습니다. 방향이 없는 열정만큼 무서운 것은 없기 때문입니다.

이런 의미에서 주님께서 가르쳐주신 기도를 신앙의 선배들의 신앙고백을 통해 조명한다는 것은 큰 의미가 있다고 생각합니다. 단순히 내가 느끼는 자의적인 해석이 아닌 2000여년 기독교 역사의 무게로 말씀하신 의도에 맞게 주기도문을 읽을 수 있기 때문입니다. 이 책을 통해, 이전까지 경험했던 주님의 모습보다 더 크고 광대하신 주님을 발견하는 기회를 얻게 되기 바랍니다.

저자의 깊이 있는 영성과 목회 현장에서의 경험이 어우러진 귀한 책을 추천합니다.

이찬수 목사(분당우리교회 담임목사)

답을 찾지 못하는 시대, 해답은 기도밖에 없습니다. 무엇을 기도하며 어떻게 기도해야 합니까? 기도의 대상이자 모범이신 예수님께 가야 합니다. 주님이 가르쳐 주신 기도인 주기도문을 다시 배우고 나의 것으로 삼아야 합니다. 짧은 기도문이지만 그 내용은 심오하고도 방대합니다. 저자는 하이델베르크 요리문답을 통해 주기도문을 보다 상세하고 풍성하게 알려줄 뿐 아니라 삶에 적용하도록 도와줍니다. 저자의 충실한 연구와 열정이 빚어낸 이 책이 기도를 배우고 실제로 기도하는데 큰 유익을 주리라 확신하며 기꺼이 추천하고자 합니다.

이규현 목사(수영로교회 담임목사)

많은 사람들이 한국 교회의 회복과 부흥을 갈망합니다. 이를 위해 두 가지가 무엇보다도 중요하고 선행되어야 한다고 생각합니다. 하나는 강단의 회복이고, 다른 하나는 교회와 성도의 정체성의 회복입니다. 그것은 성경에서 가장 중요하게 강조되었고, 교회 역사를 통해 확인되었습니다. 최 목사님의 주기도문 강해집은 하나님의 말씀이 심각하게 왜곡되고, 기독교의 정체성이 심각하게 훼손되고 있는 오늘날 한국 교회의 상황에서 의미 있는 저서라고 사료됩니다. 본 강해집이 바르고 깊이 있는 설교를 갈망하는 성도들에게 해갈을 주고, 온전하고 능력 있는 기도를 하기 사모하는 성도들에게 실제적인 지침을 제공할 것을 믿어 의심치 않습니다.

김창훈 목사(총신대학교 설교학 교수)

주기도문은 모든 그리스도인이 반드시 이해하고 실천하고 암송해야 할 진리입니다. 따라서 교회는 주기도문에 관한 반복적이면서도 다양한 측면에서의 공부를 시행해야 합니다. 이에 최영인 목사님이 주기도문의 의미를 밝혀주는 책을 출간한 것은 값어치 있는 일입니다. 최 목사님은 이 책에서 주기도문의 모든 단락과 단어를 빠짐없이 상세히 설명하는데, 주기도문을 담고 있는 성경 본문을 헬라어 원문과 주후 1세기 지중해 연안의 정황에 근거하여 정확하게 주해할 뿐만 아니라, 역사상 가장 훌륭한 신앙고백서들 중 하나인 하이델베르크 요리문답에 설명되어 있는 주기도문에 관한 항목을 적절하게 참고함으로써 주기도문의 풍요로운 의미를 드러냅니다. 이 책은 총 9개의 단원(chapter)으로 구성되어 있는데, 매 단원은 한 번의 설교나 강의 또는 소그룹 공부에 적당한 분량을 유지하며, 단원마다 '함께 읽으면 좋은 책'을 소개하여 더 깊은 공부를 하기 원하는 분들에게 도움을 드리고, 단원의 마지막에 '요약'과 '소그룹질문'이 있어서 공부한 것을 정리하고 복습하는데 효과적입니다. 특히 최 목사님은 설교학을 전공한 분답게 어려운 내용을 시종 이해하기 쉽게 해설하며, 또한 현장 목회

자답게 목사들과 교사들이 주기도문을 재미있고 실용적으로 가르칠 수 있게끔 안내해 줍니다. 따라서 저는 이 책이 주기도문 공부에 대단히 유효하고 적실하다고 생각하여 기쁜 마음으로 추천합니다.

황원하 목사(산성교회 담임목사)

우리 교회와 이웃한 지역에 올바른 교회를 회복하기 위해 애쓰는 신실한 목회자이자 신학자인 동역자가 있음은 감사한 일입니다. 한국의 복음전래 초기에 세워져 100년이 훨씬 넘는 역사를 가진 교회를 담임하며, 다시금 옛날의 견고한 교회로 세워나가는 일은 그리 간단하지 않음에도 불구하고, 세속화에 물든 한국교회 가운데서 그런 노력을 기울인다는 사실 자체가 아름답습니다.

이번에 '대구 사월교회' 최영인 목사가 〈주기도문〉에 관한 해설서를 내놓았습니다. 주기도문은 교인들이 단순히 암송하는 것으로 만족할 수 있는 것이 아닙니다. 마치 주문 외듯이 입술로 되뇌는 것만으로 그 의미를 충족시키지 못합니다. 우리가 항상 주기도문을 암송하는 것은 주님께서 요구하신 기도의 본질로부터 벗어나지 않고자 하는 고백과 연관되어 있습니다. 우리 시대는 성경의 교훈을 벗어나 자의적으로 기도하는 경우가 많습니다. 특히 한국 교회는 성도들에게 주님께서 가르치신 기도를 통해 올바르게 기도하는 방법을 가르치기보다 열정적으로 많이 기도하는 것에 큰 비중을 두다보니, 하나님의 뜻에 합한 기도가 아니라 개인의 욕망을 추구하는 방편으로 기도를 이용하고자 하는 욕망에 빠지게 됩니다. 그와 같은 기도는 자칫 이방인의 기도와 전혀 다르지 않을 수 있습니다. 하나님께서 요구하는 올바른 기도가 아니라면 아무리 열성적으로 많이 기도한다고 할지라도 아무런 의미가 없습니다. 그것은 도리어 하나님에 대한 불신의 표현일 수도 있기 때문입니다. 그러므로 예수님께서는 주기도문을 가르치면서 '이방인처럼 중언부언하지 말라'는 당부를 하셨습니다.

저자는 이 책의 제목에서 "성경과 하이델베르크 요리문답의 창으로 본 '주기도문'"이라는 사실을 명시하고 있습니다. 성경을 통해 그 의미들을 하나씩 살피면서 역사적 신앙의 선배들이 행한 그에 대한 고백적 확인을 하고자하는 의도 때문일 것입니다. 모쪼록 이 책을 통해 주기도문의 의미를 올바르게 깨닫는 성도들이 많아지기를 바랍니다. 그런 가운데 주기도문을 고백적으로 암송할 때 성경이 요구하는바 참된 기도가 풍성해지기를 기대해 봅니다.

이광호 목사(실로암교회 담임목사)

목차

1

주님께서 제자들에게 가르쳐 주신 기도

주기도문에 들어가면서

예수께서 한 곳에서 기도하시고 마치시매 제자 중 하나가 여짜오되 주여 요한이 자기 제자들에게 기도를 가르친 것과 같이 우리에게도 가르쳐 주옵소서 예수께서 이르시되 너희는 기도할 때에 이렇게 하라

(누가복음 11:1-2)

제가 있는 목양실의 작은 창문 사이로는 하루에도 몇 번씩 기차와 비행기가 지나가며 굉음을 들여 놓습니다. 처음 그 소리를 들었을 때는 집중하기 시끄러운 소음이었기에 나도 모르게 푸념을 늘어놓곤 했습니다. 이를 들은 한 장로님이 저에게 하시는 말씀이 "목사님! 조금 지나면 괜찮습니다. 그 소리는 몇 달 안가서 곧 익숙해지면 전혀 안 들릴 겁니다." 아니나 다를까 몇 달 지나니 그 소리가 들리지 않았습니다.

그리스도인이라면 예배와 기도드릴 때마다 수도 없이 했을 주기도문이 여러분 귀에 선명하게 들리시나요? 인류 역사상 가장 많이 되풀이되고, 입에 오르는 성경구절을 꼽으라면 단연 주기도문입니다. 주기도문을 처음 접할 때에는 은혜에 겨워 마치 굉음소리처럼 들렸지만 어느 덧 주기도문은 우리 귀에 너무 익숙해져 잘 들리지 않는 기도문이 되지 않았을까요?

만약 영적 감각이 살아 있는 성도라면, '나는 매일매일 온 우주를 다스리는 하늘 아버지와 날마다 마주앉아 그분 앞에 나의 마음을 다 쏟아 놓고, 그분이 무엇을 말씀하시는지 귀를 쫑긋 세워 듣고, 그분의 따뜻한 가슴 안에 푹 안기는 경험을 하고 싶다.'는 마음이 들겠지요.

이때 예수님은 우리에게 "그것은 내가 너희들에게 가르쳐준 기도문 속에 다 들어 있단다."라고 말씀하십니다. "어디… 들어 있다고요?" "주기도문!" "어! 우리는 듣도 보도 못한 소리인데요?" 반문하실 분도 계신가요?

우리에게 '주기도문'은 성도들의 입에 달아 외울 정도로 가장 잘 알려져 있습니다. 그러나 우리가 외운 만큼 그 내용을 잘 알지 못하거나 오해가 많은 기도문이기도 합니다. 그런 점에서 우리는 코의 호흡을 다하는 그날까지 한 번쯤은 예수님께서 제자들에게 가르쳐 주신 주기도문의 바른 뜻을 배워야 할 필요가 있습니다. 왜냐하면 주기도문은 그리스도인의 신앙의 척추이자 기도의 모범이라 할 수 있기 때문입니다. 자! 그럼 지금부터 이 책과 같이 주기도문의 세계로 함께 들어가 보시죠!

1. 주기도문을 들어가며

1.1 성경에서 주기도문의 위치?

여러분들은 주기도문을 어디에서 접하셨습니까? 찬송가나 성경책 앞 장에서 먼저 보셨겠지만 신약 성경 ①마태복음 6장9-13절, ②누가복음11장2-4절 두 곳에 기록되어 있습니다.

그렇다면 우리가 보통 암송하는 기도문은 어떤 본문에 있는 주기도문일까요? 그것은 마태복음입니다. 누가복음보다 마태복음을 선택한 이유는 고대교회로부터 공적 예배에서 기도문을 고백할 때 언어나 형식면에서 마태복음의 주기도문이 더 적합하다고 판단했기 때문입니다.

그렇다면 마태복음과 누가복음의 주기도문 내용이 같을까요, 다를까요? 물론 다릅니다. 내용도 다를 뿐 아니라 길이도 누가복음이 더

짧은데 그 이유는 마태복음의 주된 청중과 독자는 유대인이었고, 누가복음의 주된 청중과 독자는 이방인을 염두에 두고 기록되었기 때문에 그 강조점이 달라서 그렇습니다.[1)]

즉 복음서는 예수님께서 하신 말씀을 저자들이 있는 그대로 옮기기보다는 주님의 의도와 뜻을 각각 저자들의 시선과 청중들에 따라 옮겨서 저작했기 때문입니다.[2)] 그로 인해 우리는 주님의 뜻을 더 풍부하게 이해할 수 있습니다.

1.2 주기도문의 명칭에 대한 오해

이어서 우리가 흔히 쓰는 '주기도문'이란 용어로 인해서 오해를 하는 경우를 살펴보겠습니다.

① 먼저, '주기도문'이란 '그저 믿는 사람들이 주로 하는 기도문이다.' 교회를 다니는 사람들이 형식적으로 하는 기도문으로 아주 좁게 이해합니다.

② 그리고 '주기도문'을 마치 예배의 마침을 알리는 종처럼 오해를 합니다. 우리나라에는 안수 받은 목사가 없는 주일학교의 부서 예배 마칠 때, 새벽기도회, 구역예배, 전도회나 회의를 마칠 때 주기도문으로 마치는 전통이 있습니다. 그러니 '주기도문'을 마치 예배를 끝내는 차임벨로 생각하거나 축도를 대신하는 순서로 오해를 합니다. 이렇듯 '주기도문'을 예배와 모임 때 마다 기계적으로 너무 자주 암송을 하게 되다 보니 어느 덧 앞에 '기도'라

는 단어가 쏙 빠진 채 '주문'(spell)이 되어버리지는 않았나요?[3)]

③ 또 영어로 'Lord's Prayer'라는 표현 때문에, '주님이 주로 하셨던 기도'로 이해할 수 있습니다. 그런데 놀랍게도 주기도문은 예수님이 하셨던 기도문이 아닙니다. 왜 그럴까요? 기도 내용 중에 "우리의 죄를 용서하여 주옵시고"라는 구절이 있습니다. 죄 없으신 우리 주님이 '죄 사함'에 관한 기도를 할 필요가 있을까요?

그렇다면 '주기도문'에 대한 오해를 없애고 본래의 의미가 담긴 가장 적절한 표현이 뭐라고 생각하시나요?

1.3 주님께서 제자들에게 가르쳐 주신 기도

여러분! 이 장의 제목이 뭐죠? '주님께서 제자들에게 가르쳐 주신 기도'[4)]입니다. 왜 제가 이런 제목을 달았을까요? 먼저 웨스터민스터 소요리문답 제99문답을 보면 신앙의 선배들이 아주 정확하게 표현을 하고 있습니다.

웨스터민스터 소요리문답 제99문답

문	하나님께서 우리의 기도를 지시하려고 주신 법칙이 무엇인가?
답	하나님의 모든 말씀이 우리의 기도를 지시함에 유용한 것이나, 특별히 지시하신 법칙은 **그리스도께서 제자들에게 가르치신 기도**니 **보통으로 주기도문이라 하는 것**이다.

이어서 성경 안으로 들어가서 "주님께서 제자들에게 가르쳐 주시

는 기도문이라는 제목이 왜 필요한지?"를 살펴보도록 하겠습니다. 먼저 누가복음에서 그 배경과 그 동기를 살핀 다음에 마태복음에서 주기도문의 특징을 살펴보려 합니다.

2. 마태복음과 누가복음에서 주기도문의 비교

2.1 누가복음에서 동기와 목적: 주님께 모범기도문을 가르쳐 달라는 익명의 제자

> "예수께서 한 곳에서 기도하시고 마치시매 제자 중 하나가 여짜오되 주여 요한이 자기 제자들에게 기도를 가르친 것과 같이 우리에게도 가르쳐 주옵소서"(누가복음 11:1)

이 부분에서 우리는 두 인물을 주목해야 합니다. 익명의 제자 하나와 요한인데요. 먼저 익명의 제자 중 하나가 느닷없이 예수님께 기도를 가르쳐 달라고 합니다. 왜 갑자기 이런 부탁을 했을까요? 제자들이 "예수님 평상시 기도하는 게 너무 멋져요. 어떻게 하면 예수님처럼 기도를 할 수 있을까요? 예수님! 우리도 기도를 잘 하는 방법과 비법을 좀 가르쳐 주세요." 그런 부탁을 하는 장면일까요?

예수님과 대화를 하는 제자들, 즉 청중들은 유대인들입니다. 그렇다면 그들이 정말 기도를 모른다던지 기도하는 방법을 몰랐을까요?

다윗이 썼던 주옥같은 많은 시편들 다 기도문 아닙니까? 게다가 다니엘과 같은 인물을 보면 하루 세 번씩 기도할 정도로 기도의 생활을 철저하게 했던 사람들이었습니다. 그리고 무엇보다도 중요한 것은 예수님 당시에 이미 유대공동체 안에 쉐마, 데필라, 카디쉬 등 여러 개의 유명한 기도문들이 있었습니다.[5)]

① 쉐마	에세네파 사람들 사이에서 아침저녁으로 암송하는 일종의 신앙 고백문
② 데필라, 18번-축복기도, 세모네 예레스	유대인들이 아침 점심 저녁 시작에 하루 3번씩 규칙적으로 18구절로 암송하는 중요한 기도문.
③ 카디쉬(Kaddish)	유대의 회당에서 설교 끝에 함께 낭송했던 짤막한 기도

아하! 그렇다면 제자들이 예수님께 기도하는 방법이나 내용을 몰라서 가르쳐 달라는 것은 아니겠지요?

2.2 유대사회의 종교적 분파 속에서: 세례 요한

이어서 이제 낯익은 인물을 만나 볼 건데요.

"요한이 자기 제자들에게 기도를 가르친 것과 같이"(누가복음 11:1)

여기에서 요한은 누구죠? 세례 요한입니다. 이게 아주 중요한 단서입니다. 그렇다면 왜 제자들은 요한이 제자들에게 가르쳤던 기도문처럼 우리에게도 기도문을 가르쳐 달라고 했을까요? 이 상황을 좀 더 잘 이해하기 위해서는 그 당시 유대교 안에 있었던 다양한 종파를 알아야 합니다.

오늘날 조국교회 안에도 기독교의 많은 분파가 있습니다. 장로교, 침례교, 감리교, 순복음 등등. 이 당시 유대인들도 종말과 메시아에 대한 기대감을 가지고 부흥운동을 하는 사람들과 단체들이 참 많았습니다. 그리고 각 종파마다 신학과 정체성에 따라 추구하는 비전과 사명을 기도문 속에 담았습니다.

유대교 안에 대표적인 종교적인 분파를 소개하면 ① 사두개파 ② 바리새파 ③ 에세네파 등이 있었습니다. 그 외 정치적 분파로 헤롯당, 열심당 등이 있었습니다.[6] 이 중에 유대교의 종교적 분파만을 간단하게 소개를 하자면 다음과 같습니다.

① 사두개파	사두개파는 대제사장과 같은 고위 성직자 및 귀족계층의 상류계층이었습니다. 그들은 죽은 자와 천사, 부활, 영의 존재를 거부했었습니다.
② 바리새파	바리새파는 이름은 히브리어와 아람어에서 '분리된' 이라는 뜻을 가진 단어에서 유래했죠. 대개 중간계층으로 하위 제사장, 숙련공, 소규모의 농사를 짓는 농부들과 상인들로 구성되었습니다. 자기들은 율법 해석에 있어서 가장 권위 있는 사람들로 자부하였습니다.

③ 에세네파	에세네파는 초극단적인 경건생활을 했던 사람들이죠. 지금도 성지 순례를 가보면 광야의 동굴 속에 이 당시 에세네파 사람들이 어떻게 생활 했는지에 대한 흔적이 남아 있습니다. 후에 쿰란지역에서 모여 살았다고 해서 쿰란 공동체라고 불리기도 합니다.

2.3 요한복음에서: 세례 요한과 예수님

이 세 분파 중에서 에세네파의 중심인물이 누군가 하면 바로 세례 요한이었습니다. 그런데 이 세례 요한과 합류해서 경건생활을 했던 인물이 누군가요? 바로 지금 여기에 서 계신 예수님입니다. 한 번 볼까요?

"유대인들이 예루살렘에서 제사장들과 레위인들을 요한에게 보내어 네가 누구냐 물을 때에 요한의 증언이 이러하니라 요한이 드러내어 말하고 숨기지 아니하니 드러내어 하는 말이 나는 그리스도가 아니라 한대 또 묻되 그러면 누구냐 네가 엘리야냐 이르되 나는 아니라 또 묻되 네가 그 선지자냐 대답하되 아니라 또 말하되 누구냐 우리를 보낸 이들에게 대답하게 하라 너는 네게 대하여 무엇이라 하느냐 이르되 나는 선지자 이사야의 말과 같이 주의 길을 곧게 하라고 광야에서 외치는 자의 소리로라 하니라 그들은 바리새인들이 보낸 자라 또 물어 이르되 네가 만일 그리스도도 아니요 엘리야도 아니요 그 선지자도 아닐진대 어찌하여 세례를 베푸느냐 요한이 대답하되 나는 물로 세례를 베풀거니와 너희 가운데 너희가 알지 못하는 한 사람이 섰으니 곧 내 뒤에 오시는 그이라 나는 그의 신발끈을 풀기도 감당하지 못하겠노라 하더라 이 일은 요한이 세례 베풀던 곳 요단 강 건너편 베다니에서 일어난 일이니라 이튿날 요한이 예수께서 자기에게 나아오심을 보고 이르되 보라 세상 죄를 지고 가는 하나님의 어린 양이로다" (요한복음 1:19-29)

세례 요한을 중심으로 한 에세네파는 예수님이 같이 활동을 했었습니다. 그러나 점차 시간이 흐르면서 세례 요한의 강조점과 예수님의 강조점이 자연스럽게 차이가 나기 시작했습니다. 예를 들면 세례 요한은 '하나님이 반드시 불로 심판을 하실 것이다.' 심판에 강조점을 두고 하나님의 나라를 기다리고 있었습니다.

예수님도 심판을 강조했습니다. 하지만 예수님의 가르침 속에는 '하나님의 용서, 하나님의 사랑과 심판'이 함께 포함되어 있었습니다. 그리고 에세네파는 극도의 절제와 금욕적인 삶을 요구했다면, 반대로 예수님은 죄인들을 영접하고 그들에게 하나님의 용서를 선언하고, 그들과 먹고 마시는 잔치를 벌였습니다.

하나님의 섭리에 따라 자연스레 세례 요한의 그룹에서 예수님이 분리됩니다. 이때 일부 예수님의 제자로 편입이 되었던 사람 중 하나가 지금 이 상황에서 예수님께 기도를 가르쳐 달라고 합니다.

누가복음 11:1 표현은 "선생님 세례 요한이 자기 제자들에게 모범기도문을 주었습니다. 이제 우리는 당신의 제자가 되었습니다. 예수님이 차기 정권을 꿰 차실 분이시잖아요. 당신의 하나님 나라 운동은 세례 요한과는 다르잖아요. 이제는 에세네파 말고 당신의 모범 기도문을 주세요. 당신이 말씀하시는 하나님의 나라에 대한 신학과 꿈과 이상과 미래와 비전이 담긴 기도문을 우리에게 주십시오."

즉 누가복음 맥락에서 이 기도문을 가르쳐 달라고 하는 것은 "예수님 공동체에 있어 하나님 나라는 무엇인가? 예수님이 가지신 비전은 무엇인지? 예수님이 우리에게 전해 주어야 할 사명은 무엇인가?" 묻는 물음이었습니다.

3. 마태복음에서 기록된 주기도문의 특징

3.1 마태복음 판에서 주기도문의 문학적 맥락: 중언부언하는 기도 때문에

자 지금부터는 마태복음 6장으로 넘어 가서 '주기도문'이 어떤 문맥 안에서 위치하는지 살펴보겠습니다.

> "또 기도할 때에 이방인과 같이 중언부언하지 말라 그들은 말을 많이 하여야 들으실 줄 생각하느니라."(마태복음 6:7)

여기서 주님은, "지금 유대인들이 하는 기도가 우상을 섬기는 이방인들의 기도와 같다. 그들의 손으로 만든 목석과 쇠붙이 우상을 만들어 놓고선 기도를 한다. 그런데 그 우상들이 듣지 않는다고 생각하니까 들어달라고 계속해서 중언부언하는 기도를 한다. 너희 유대인들의 기도가 그렇다. 그렇다면 과연 살아 계신 하나님께서 그런 우상들과 같은 분이라고 생각하느냐? 도대체 너희들은 살아계시고 인격적인 하나님께서 정말 기도를 들으시는 분이라는 사실을 믿느냐?"라고 신랄하게 꼬집었습니다.

"그러므로 그들을 본받지 말라 구하기 전에 너희에게 있어야 할 것을 하나님 너희 아버지께서 아시느니라"(마태복음 6:8)

3.2 기도문은 산상설교의 핵심

'하나님께서 나를 다 아시고 나의 필요를 다 아신다.' 라는 인격성이라는 전제하에 기도하라는 주님의 가르침은,[7] "그러므로 너희는 이렇게 기도하라"(마태복음 6:9)로 이어집니다. "너희들이 지금 기도하는 모든 기도의 내용과 형태는 하나님 아버지를 믿는 자다운 기도가 전혀 아니므로 이렇게 기도하라"

마태는 '주님께서 제자들에게 가르쳐 주시는 기도문'을 산상설교의 큰 틀 안에서 문학적으로 아주 정교하게 배치해 놓았는데요.

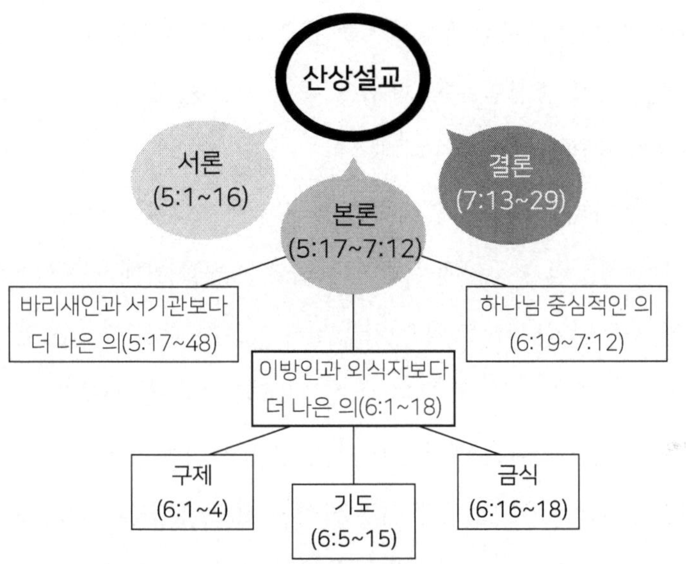

① 산상 설교(마5~7장)의 구조에서 본론에 위치

서론(5:1~16)	본론(5:17~7:12)	결론(7:13~29)
그리스도인은 누구인가	그리스도인은 어떻게 살아야 하는가	구체적 적용

② 본론의 중심부(마태복음 6:1~18)에 위치

바리새인 서기관보다 나은 의(5:17~48)	이방인 외식자보다 나은 의(6:1~18)	하나님과 이웃 사랑의 의(6:19~7:12)

③ 본론 안의 중심 단락에 위치

구제(6:1~4)	기도(6:5~15)	금식(6:16~18)

⇒ 주기도문은 구조상 산상 설교의 가장 '핵심부'에 위치

위에서 보듯이 '주님께서 제자들에게 가르쳐 주시는 기도문'은 산상설교의 가장 중심인 '종교행위에 대한 가르침' 중에서도 '기도' 부분의 중심에 위치해 놓았습니다.

이렇듯 마태가 의도적으로 문학적 구조를 배치한 이유는 이 기도문이 산상설교의 핵심인 동시에 산상설교 전체를 이해하는 열쇠로 제공하기 위해서입니다. 그의 제자들에게 가르쳐 주신 기도는 흔히 너희들이 알고 있는 기도의 모범, 혹은 기도의 방법 정도로만 인식하지 말고, 산상설교의 같은 맥락 안에서 잘 음미 하라는 것입니다.

예수님께서는 제자들에게 이런 말씀을 하고 계신 것은 아닐까요?

"모세의 율법을 능가하는 완벽한 법을 우리에게 전하신 예수님, 하나님의 뜻을 실천하고 예수의 가르침을 잘 순종하는 동력이 바로 주님께서 제자들에게 가르쳐 주신 기도에서 나온다. 이 기도야말로 하나님 백성의 삶에서 가장 근본 도리이다. 이 기도로 하나님 백성인 우리가 삶의 힘을 얻는다. 그리스도를 따르는 제자도의 가장 중심에 기도가 있다. 너희들의 삶 속에서 이 기도가 얼마나 중요한지 아느냐?"

3.3 주님이 제자들에게 기도를 주신 목적

이 기도문은 주님의 전 인격과 사역이 투영되어 있는 복음 중의 복음입니다. 주님의 삶을 이해할 수 있습니다. 주기도문은 그의 사역본질(하나님의 나라)을 아는 자로서 서게 하는 중요한 열쇠입니다.

따라서 역사 속의 기도를 가르친 위대한 스승들 어거스틴, 루터, 깔뱅 그 누구도 자신의 경험을 토대로 기도의 논리를 전개하지 않습니

다. 모두 산상수훈의 골간을 이루는 기도문을 최고의 본보기로 삼았습니다.[8)]

여러분도 이 복음의 열쇠를 꼭 쥐고 있는다면 바르고 참 된 기도의 낭만을 누릴 수가 있습니다.

3.4 주님이 제자들에게 기도를 주신 의의

주님께서 제자들에게 가르쳐 주었던 기도문을 지금 21세기를 사는 그리스도인들 더 나아가 오늘날 조국교회 성도로서 듣는다는 것은 어떤 의의가 있을까요?

① 주기도문은 예수님께서 제자들을 향하여 교회 공동체를 향하여 새로운 비전과 사명을 담고 있다는 점에서 바른 교회를 공동체를 세워나가는 표지판입니다. 교회가 교회답기 위해 추구해야 할 방향이 어디냐를 가르쳐 주는 표지판입니다. 만약 교회가 주기도문의 정신에서 멀어진 삶을 살고 있다는 것은 곧 교회와 성도가 세속화되었다는 증거입니다.

② 주기도문은 '바른 기도의 대상. 바른 기도의 방법. 바른 기도의 내용'에 대해 정확하게 가르쳐줍니다. 기도의 능력과 방법론에 대해 다양한 이론들이 오히려 혼란을 초래하여, 개인적 체험의 신비한 능력을 얻는 수단으로 전락해 버린 기도가 난무하는 이 때에 주기도문은 개인기도 생활의 아주 중요한 나침반입니다.

우리가 주기도문 안으로 한 걸음 더 들어가기 전에 우리 삶 속에서 흔히 볼 수 있는 '기도에 대한 오해'를 먼저 다뤄 볼까요?

4. 기도에 대한 몇 가지 오해를 풀기

4.1 기도에 대한 오해1: 기도는 사역의 대용물?

우리는 '기도를 간절히 했으니까 하나님이 다 알아서 하겠지. 기도를 하기만 하면 행동은 전혀 안 해도 된다. 우리는 손 털고 놀면 된다.'고 생각하지는 않습니까? "너희는 기도할 때 이렇게 기도하라"는 말씀은 '요대로만 기도하고 땡이다.'라는 문자적 의미로 이해하시면 안 됩니다.

우리가 기도를 했다면 하나님께서 그것을 들으신 줄을 믿고 우리는 그것이 이루어지도록 행동을 해야 합니다. 제대로 한 기도라면 내가 기도한 만큼 더 열심히 일하고 더 열심히 순종하고 더 열심히 살아야 합니다.

그런 의미에서 기도의 뿌리는 삶입니다. 삶을 능가하는 기도도 없고, 기도를 능가하는 삶도 없습니다. 좋은 기도자일 때 당연히 좋은 기도를 드릴 수 있습니다. 또한 훌륭한 기도 생활을 통해서만 좋은 기도자가 만들어집니다. 이게 기도의 선순환적인 법칙입니다.

우리 주님이 제자들에게 가르쳐 주신 기도는 그리스도인들의 기도 수준을 높이시기 위함이었습니다. 우리의 기도 내용의 수준과 신앙의 수준은 언제든지 정비례합니다. 주기도문을 바로 알고 이해하는 만큼 기도와 신앙의 수준도 함께 갑니다.

4.2 기도에 대한 오해 2: 기계적으로 암송하는 주문?

제가 가끔씩 다른 곳에 가서 말씀을 전하는 일이 있는데요. 그 곳의 강대상에 보면 “대표 기도는 3분만!!” 하는 안내문이 붙어 있을 때가 있습니다. 아마도 대표 기도자가 준비 안 된 기도를 주문처럼 중언부언하듯이 외우다 보니 길어지니까 특단의 조치를 한 거죠. 주님께서 제자들에게 가르쳐 주신 기도는 ‘우리가 무의식적으로 기계적으로 하는 암송이거나 무언가를 요구하는 주문서’가 아닙니다. 또한 예배의 폐회를 알리는 알람이나 종은 더더욱 아닙니다. 기도는 돌, 나무 혹은 기계가 아니라 인격이신 그분과 사귐과 호흡과 교제를 하는 하나님 백성의 은혜의 도구(말씀, 성례와 함께)입니다.

4.3 기도에 대한 오해 3: 내가 원하는 것을 구하는 수단?

끝으로 기도는 내가 원하는 것을 얻어 내기 위한 방법론이 아닙니다. 성경에서 믿음의 선배들이 기도하는 장면과 내용이 많이 등장하죠. 하지만 그 중에는 잘못 구하는 내용들이 있습니다. 반면교사를 삼아야 할 내용도 있습니다. 특별히 창세기 25장, 28장 야곱 같은 선배는 철딱서니 없는 기도의 폼입니다. 그래서 항상 성경은 조심스레 읽어야 합니다.

여러분의 기도 생활을 한 번 점검해 보십시오. 나는 새벽마다 예배당에 가서 한 시간씩 기도합니다. 그런데 그 내용이 내 돈, 내 자식, 내 남편, 내 집 등등 나의 테두리를 벗어나지 못하는 사람은 그 신앙이 결코 자기를 벗어나지 않습니다. 가정에서도 교회에서도 일터에서도 결국 자기라는 틀 속에 갇혀 사는 사람들입니다.

그러나 나는 하루에 십 분을 기도해도 기도하는 내용이 늘 하나님의 거룩한 뜻을 이루는 자가 되게 해 달라고 한다면, 어떻게 사는지 굳이 보지 않아도 성숙한 삶을 사는 그리스도인임을 감지할 수 있습니다.

이제는 주님이 제자들에게 가르쳐 주신 기도의 본(original form)을 보였던 사람이 있는데요. 구약의 한 여인을 만나볼까요?

사사시대의 끝자락에 있던 한나는 아이를 갖지 못해서 마음이 슬픈 여자였습니다. 그 슬픔을 이기질 못해서 성전 안으로 하나님 앞에 들어갔죠. 그때 성전에 있던 엘리 제사장이 한나의 기도하는 모습을 보며 나무랍니다.

> "한나가 대답하여 이르되 내 주여 그렇지 아니하니이다 나는 마음이 슬픈 여자라 포도주나 독주를 마신 것이 아니요 여호와 앞에 내 심정을 통한 것뿐이오니"(사무엘상 1:15)

"네가 때가 어느 때인데 취해 있는가?" 이때 한나가 역사의 새벽을 여는 고백을 합니다. "아닙니다. 나는 마음이 슬픈 여자입니다. 포도주나 독주를 마셔 취해 있는 게 아닙니다. 여호와 하나님과 뭘 통한 것뿐이라. 심정을 통한 것뿐입니다." 이 고백을 누가 합니까? 대제사장이 하는 게 아니라 약하디 약한 한 여인의 입으로 기도의 가장 중요한 핵심 가치를 고백하게 합니다.

"하나님과 심정을 통하였다." 이 말의 진정한 의미가 무엇일까요? "하나님이 한나의 마음을 알아 버렸고, 한나가 기도하다가 하나님의 마음을 알아버렸다." 그리고 하나님을 경배하고 찬양하는 것으로 끝납니다. 기도의 궁극적인 목적지로 그분을 경배하고 찬양하는 것으로 끝이 납니다.

여러분! 한나가 처음부터 경배와 찬양을 한 게 아니죠? 한나도 처음에는 우리와 똑같이 "하나님! 제게도 아이 하나 주세요. 나도 좀 어깨 펴고 살 수 있도록 해 주세요. 명품 백도 사 주시고, 아파트도 사주시고, 남편이 자상한 말로 해 주지만 그것도 다 소용 없더라고요.…" 자기의 필요에 따라 절절히 기도를 했습니다. 그러다가 하나님과 무엇이 통했습니까? 하나님과 심정을 통했습니다. 하나님의 뜻을 깨달았죠.

하나님은 한나에게 "말씀이 끊어진 깜깜한 사사기 말에 하나님의 마음을 전할 아들이 없다." 아! 하나님 그랬군요. 하나님이 한나에게 "얘 너도 아이 하나가 없으니까 인생이 무의미하고 흔들거리고 살맛이 안 나지? 지금 내 마음이 그래." 하나님의 마음이 자기 심정하고 하나님의 처지와 한나의 처지가 똑같다는 사실에 깜짝 놀랐습니다.

가슴이 통해 버린 겁니다. 그 말이 심정을 통했다는 기도입니다.

하나님은 왜 이 가련한 한 여인에게 아이 없는 슬픔을 주셨을까요? 그 슬픔이 없이는 절대 하나님의 마음을 깨달을 수 없기 때문입니다. 때로는 한 시대에, 한 교회에 고통을 주시고 한 개인에게 깊은 슬픔을 주십니다. 그 고통 슬픔을 뚫고서 엄청난 시대의 메시지를 보여 줄 때가 있습니다. 그 고통 슬픔이 없이는 볼 수 없는 메시지가 감추어져 있습니다.

이때 우리는 무릎을 꿇죠? 아니 무릎을 꿇을 수밖에 없습니다. 하나님을 의존할 수밖에 없습니다. 기도란 그런 것입니다. 내가 필요에 의해서 절절한 사연에 의해서 내가 하나님 앞에 고합니다. 그러다가 성령 하나님의 인도에 의해 누구의 마음을 알아 버리는 건가요? 하나님의 마음을 알아 버리는 겁니다.

"오! 하나님 하나님의 마음도 그렇군요." 그러니 달라고 하던 기도가 오히려 "제가 내 놓겠습니다." 하는 기도로 바뀝니다. "아들을 주시면 삭도를 대지 않고 하나님 앞에 내 놓겠습니다." 그 사람이 누구인가요? 사무엘입니다.

그 사무엘이 몰락해 가던 이스라엘을 무엇으로 일으킵니까? 어떻게 하나님 나라가 도래하게 만들죠? GNP 4만$로 일으키던가요? 국방력이나 경제력을 튼튼히 했습니까?

성경을 보면 브엘세바에서 단까지 백두에서 한라까지 여호와의 말씀이 가르쳐 지면서 꿈결처럼 무너져 가던 이스라엘을 일으킵니다. 이게 기도의 깊은 호흡을 하고 있는 역사적 증거입니다.

여러분들의 기도가 그런 바른 기도요. 심정이 통하는 기도요. 말씀에 기댄 낭만의 기도가 될 수 있기를 바랍니다. 앞으로 우리가 배울 기도문의 골격과 내용과 순서를 따라 하나님의 뜻, 하나님 나라의 비전을 품은 기도가 무엇인가 제대로 된 기도의 낭만을 꼭 누릴 수 있기를 바랍니다.

전 설교자이기 전에 기도에 대한 사모함이 있습니다. 다소 게으를 때가 있지만 능력 있는 그리스도인의 삶의 원천은 반드시 기도에 있다는 신념과 기도 속에서 항상 하나님과 대면하고 싶다는 갈망을 잃어버린 적이 없습니다. 지금도 솔직한 제 소원은 청중을 들었다 놨다 하는 유능한 설교자가 되는 게 아닙니다. 오히려 진리의 식탁을 충분히 먹고 겸손하게 능력 있는 기도의 사람이 되는 겁니다. 저는 넉넉한 생활비와 유복한 목회 환경을 잃어버리지 않기 위해 선명한 복음의 칼날을 갑 속에 감추고 싶지는 않습니다.

저는 이장을 마치기 전에 저와 여러분에게 묻고 싶습니다. "정말 뜨겁게 하나님의 마음으로 교회를 사랑하십니까? 오늘날 조국교회의 영적인 상황에 대한 위기를 느끼십니까? 그래서 아버지께서 아파하시는 것과 같은 마음의 아픔이 있으세요? 공동체의 신앙 회복을 위해서 심정이 통하는 마음으로 하나님 앞에 기도하고 있습니까? 하나님의 교회가 거룩한 부흥을 그리워하고 있습니까? 무릎을 꿇으며 눈물과 콧물을 쏟으며 오히려 마음이 시원케 되며 하나님을 만나는 그런 영적 자유와 누림이 있으십니까?"

여러분! 교회 공동체가 앞으로 나아가야 할 방향표지판으로, 그리고 나의 신앙생활의 나침반으로 새로운 하나님의 나라 새로운 하나님의 비전을 붙잡을 수 있는 이 기도문 안으로 쏙 들어오십시오. 그래서 하나님과 심정을 통하는 기도로 늘 승리하는 인생 되시기를 바랍니다.

함께 읽으면 좋아요~!

개혁주의 성령론

존 오웬, 여수룬, 1988. 中 부록 제1편 '기도할 때의 성령의 역사'

기도의 열정

존 맥아더, 베드로서원, 2007.

1장 주기도문에 들어가면서 요약

1. 주기도문은 예수님이 제자들에게 가르쳐주신 기도입니다.
2. 누가복음의 맥락에서 주기도문은 제자들의 요구에 따라 예수님께서 그리스도인의 사명과 비전을 가르쳐 주신 것입니다.
3. 마태복음의 맥락에서 주기도문은 마태복음 5-7장 산상설교의 핵심입니다.
4. 기도는 행동을 대체하거나, 기계적으로 암송하는 주문이거나, 내가 원하는 것을 구하는 수단이 아닙니다.

1장 주기도문에 들어가면서 소그룹 질문

1. '주기도문' 소그룹 모임을 함께 하면서 기대하는 부분을 서로 나누어 봅시다.
2. 지금까지 어떤 마음으로 어떤 내용의 기도를 해 왔는지 서로 얘기해 볼까요?
3. 오늘 배운 내용에 비추어 앞으로 어떤 기도를 해야 할지 각자 어떤 생각을 해 보았나요?

2

하나님을 향한 불치의 향수병

기도의 대상을 부름

Πάτερ ἡμῶν ὁ ἐν τοῖς οὐρανοῖς·

하늘에 계신 우리 아버지여

(마태복음 6:9)

성경을 묵상할 때 “왜?”라는 해석학적 질문은 신앙의 생장점입니다. 그 질문에 대한 해답을 얻을 때 이게 하나 둘 톡톡 터지면서 꽃을 피워내며 우리의 신앙도 한 단계 도약하기 때문입니다.

앞장에서 우리는 ①“왜 주님께서 제자들에게 가르치신 기도”라는 제목인가? ②“누가복음 11장 1절에서 익명의 한 제자가 예수님께 어떤 의미로 기도문을 달라고 했는가? ③세례 요한이라는 인물을 통해 이 기도문은 어떤 성격이었는가? ④왜 마태는 의도적으로 산상수훈 문학적 구조 속에 마태복음 6장 9-13절 기도문을 중심에 두었는가?”를 살펴보았습니다.

우리가 “주기도문” 본문의 정확한 의미를 파악하려면 주후 1세기 팔레스틴 문맥에 즉, 주기도문의 본래 문맥(the original context) 혹은 주기도문의 역사적 정황(Sitz im Leben)을 염두에 두고 봐야 합니다.[9] 그래야 성경 본래의 깊은 맛, 펄떡펄떡 대는 활어를 잡아 회를 쳐서 먹는 맛을 느낄 수 있습니다.

1. 누가복음과 마태복음의 비교: 청원을 중심으로

1.1 누가의 내용보다 마태의 내용이 더 많은 이유?

먼저 큰 틀에서 마태와 누가 각각의 기도문의 구조를 살펴본 뒤, 기도의 서문을 음미해 보려 합니다. 마태복음과 누가복음의 기도문을 아래 표로 비교해 보면

마태복음	누가복음
"하늘에 계신 우리 아버지여"	"아버지여"
① (당신의) 이름이 거룩히 여김을 받으시오며 ② (당신의) 나라가 임하시오며 ③ (당신의) 뜻이 하늘에서 이루어진 것 같이 땅에서도 이루어지이다	① (당신의) 이름이 거룩히 여김을 받으시오며 ② (당신의) 나라가 임하시오며
① 오늘 우리에게 일용할 양식을 주시옵고 ② 우리가 우리에게 죄 지은 자를 사하여 준 것 같이 우리 죄를 사하여 주시옵고 ③ 우리를 시험에 들게 하지 마시옵고 다만 악에서 구하시옵소서	① 우리에게 일용할 양식을 주시옵고 ② 우리가 우리에게 죄 지은 모든 사람을 용서하오니 우리 죄도 사하여 주시옵고 ③ 우리를 시험에 들게 하지 마옵소서
(대개) 나라와 권세와 영광이 아버지께 영원히 있사옵나이다. 아멘	

표를 보니 마태의 내용이 더 긴 것으로 보아 '아! 그렇다면 기도문은 누가가 먼저 기록을 했구나. 초벌로 거칠게 기록했는데 뒤에 마태가 이 내용에 좀 더 세련되고 풍부하게 기록 했구나.' 추론할 수 있습니다.

참고로 괄호 안에 있는 단어는 헬라어 원어에는 있지만 한글로 번역하면서 생략된 것을, 그리고 밑줄 친 부분은 누가에는 없고 마태에서 덧붙여진 것을 의미합니다.

왜 누가와 달리 마태의 기도문에 왜 내용이 덧붙여졌을까요? 누가복음에 없지만 마태복음에 덧붙여진 4가지의 특징을 살펴볼까요? ① 마태는 '아빠, 아버지여!'에 '하늘에 계시는' ② '당신의 뜻이 이루어지게 하소서 하늘에서와 마찬가지로 땅에서도 이루어지이다.' ③ "다만 우리를 악한 자로부터 구출하여 주소서" ④ 가장 중요한 특징은 "나라와 권세와 영광이 아버지께 영원히 있사옵나이다. 아멘" 송영이 있습니다.

1.2 마태복음과 누가복음은 몇 개의 청원으로 되어 있는가?

마태복음과 누가복음 전체 구조와 함께 청원의 내용을 파악해 보면 이렇습니다. 마태복음은 6개의 청원으로, 누가복음은 5개의 청원으로 구성되어 있습니다.

마태복음(6개의 청원)	누가복음(5개의 청원)
Ⅰ. 하나님의 이름 부름	
"하늘에 계신 우리 아버지여"	"아버지여"
Ⅱ. 3개의 '당신'청원 : 하나님 나라가 오심에 대한 청원	
① "(당신의) 이름이 거룩히 여김을 받으시오며"청원 or 찬양 ② "(당신의) 나라가 임하시오며 " ③ "(당신의) 뜻이 하늘에서 이루어진 것 같이 땅에서도 이루어지이다"	① (당신의) 이름이 거룩히 여김을 받으시오며 ② (당신의) 나라가 임하시오며
Ⅲ. 3개의 '우리'청원 : 우리에게 오는 축복에 대한 청원	

④ "오늘 우리에게 일용할 양식을 주시옵고" ⑤ "우리가 우리에게 죄 지은 자를 사하여 준 것 같이 우리 죄를 사하여 주시옵고" ⑥ "우리를 시험에 들게 하지 마시옵고 다만 악에서 구하시옵소서"	③ 일용할 양식 ④ 죄 용서에 대한 청원 ⑤ 지금도 완전히 박멸되지 않는 사탄으로부터의 보호에 대한 청원
Ⅳ. 송영(doxology)	
"나라와 권세와 영광이 아버지께 영원히 있사옵나이다. 아멘	

마태 구조는 'Ⅰ. 하나님의 이름 부름' 'Ⅱ. 3개의 '당신' 청원' 한글 번역에는 (당신의)빠져 있는 하나님 나라가 오심에 대한 청원이 3개, 그리고 'Ⅲ. 3개의 '우리' 청원' '우리'에게 오는 축복의 청원이 3개, 6개의 청원과 끝으로 'Ⅳ. 송영(doxology)'이 등장합니다.

주제적 구조	6개의 청원	5개의 청원
Ⅰ. 하나님의 이름 부름	"하늘에 계신 우리 아버지여"	Ⅰ. 하나님의 이름 부름
Ⅱ. 3개의 '당신' 청원 : 하나님 나라가 오심	① "(당신의) 이름이 거룩히 여김을 받으시오며"청원 or 찬양 ② "(당신의) 나라가 임하시오며 " ③ "(당신의) 뜻이 하늘에서 이루어진 것 같이 땅에서도 이루어지이다"	Ⅱ. 하나님 나라의 오심에 대한 청원 ① 하나님의 이름 청원 ② 하나님 나라 청원

Ⅲ. 3개의 '우리' 청원 : 우리에게 오는 축복	④ "오늘 우리에게 일용할 양식을 주시옵고" ⑤ "우리가 우리에게 죄 지은 자를 사하여 준 것 같이 우리 죄를 사하여 주시옵고" ⑥ "우리를 시험에 들게 하지 마시옵고 다만 악에서 구하시옵소서"	Ⅲ. 3개의 '우리'청원 ③ 일용한 양식 ④ 죄 용서에 대한 청원 ⑤ 지금도 완전히 박멸되지 않는 사탄으로부터의 보호에 대한 청원
Ⅳ. 송영 (doxology)	"나라와 권세와 영광이 아버지께 영원히 있사옵나이다. 아멘	

그런데 9-10절까지 '당신, 하나님 나라가 오심'에 관한 청원은 헬라어로 볼 때 한 문장입니다.[10] 그래서 성경신학자들은 하나의 청원으로 보기도 합니다.

뒤에 '우리'에 관한 '3개 청원'은 결국 '하나님 나라의 옴'으로 인해 그와 함께 우리가 얻게 되는 축복들입니다.

결국 '주님께서 제자들에게 가르치신 기도'와 '산상수훈'의 주제는 하나님의 나라 그 분의 임재와 통치에 더 강조점을 둡니다. 이어서 누가복음을 보면

주제적 구조	5개의 청원	4개의 청원
Ⅰ. 하나님의 이름 부름	"아버지여"	Ⅰ. 하나님의 이름 부름

Ⅱ. 2개의 '당신' 청원 :하나님 나라가 오심	① "(당신의) 이름이 거룩히 여김을 받으시오며"청원 or 찬양 ② "(당신의) 나라가 임하시오며"	Ⅱ. 하나님 나라의 오심에 대한 청원 ① 하나님 나라 청원
Ⅲ. 3개의 '우리' 청원 :우리에게 오는 축복	③ "우리에게 일용할 양식을 주시옵고" ④ "우리가 우리에 게 죄 지은 모든 사람을 용서하오니 우리 죄도 사하여 주시옵고" ⑤ "우리를 시험에 들게 하지 마옵소서"	Ⅲ. 3개의 '우리'청원 ② 일용한 양식 ③ 죄 용서에 대한 청원 ④ 지금도 완전히 박멸되지 않는 사탄으로부터의 보호에 대한 청원
(Ⅳ. 송영 –생략됨)		

누가는 '하나님 나라가 오심'에 2개의 청원, '우리에게 오는 축복' 3개의 청원 그래서 5개의 청원으로 이루어져 있습니다. 누가복음에서 '하나님 나라가 오심'에 2개의 청원을 마태와 같이 하나의 청원으로 묶는다면 누가 역시 4개의 청원으로도 분류할 수 있습니다.

결론적으로 마태나 누가가 앞의 청원 '하나님 나라가 오심'을 공통된 청원으로 묶는다면 4개의 청원으로 정리를 할 수 있습니다.

2. "우리 아버지여"(Πάτερ ἡμῶν)

2.1 구약과 팔레스틴 유대문헌에 나타나 있는 "(하나님) 아버지": 하나님 우리 '아빠' 기도의 첫 포문이자 혁명적 단어 '아빠'

'주님께서 제자들에게 가르쳐 주신 기도'의 첫 포문을 어떻게 열고 있습니까? 우리말 번역 순서로는 "하늘에 계신 우리 아버지여"라고 되어있습니다. 그런데 헬라어 순서대로 직역을 하면 '아버지, 우리, 그 안에 계신 하늘들' (Πάτερ ἡμῶν ὁ ἐν τοῖς οὐρανοῖς·)입니다.

Πάτερ	ἡμῶν	ὁ ἐν τοῖς οὐρανοῖς·
아버지	우리	그 안에 계신 하늘들

그러니까 이 기도문의 "가장 중요한 기초", "서론"의 세 가지 요소가 바로 ① "아버지", ② "우리", ③ "하늘에 계시다"입니다.

'예수님이 제자들에게 가르쳤던 기도문'을 헬라어 순서로 살펴 볼 때 제일 먼저 나오는 말은 '파테르(아빠)'입니다. 이 표현은 어린아이들이 순진하게 손을 끌면서 '아빠, 아빠' 영어로 'daddy'라는 뜻으로 격식 있는 단어가 아니며 그 시대에 쓰던 아람어로는 혁명적인 단어입니다.

독일의 신학자 요아킴 예레미아스(J. Jeremias)에 따르면 "예수님 당시를 전후한 유대 문서 어느 곳에서도 유대인들이 하나님을 아빠라고 부른 예가 없다. 구약을 읽어보면 단지 하나님께서 이스라엘 백성

들에게 아버지가 된다는 사실만 일방적으로 알렸을 뿐이다."라고 합니다.[11)]

그러니까 유대인의 사상과 신학의 틀 속에서 하나님은 경외의 대상이며 거룩한 분이셨습니다. 그래서 하나님 이름조차 제대로 부르지 못해서 '아도나이, 주님'이라는 말로 대신했습니다.[12)] 그런 친근히 부를 수 없는 하나님을 예수님께서 이렇게 부르니 유대인들은 엄청난 충격을 받았을 것입니다.

그런데 21세기에 사는 우리가 신약성경을 읽을 때, '아버지'라는 표현이 낯설지 않은데 그 이유는 '하늘에 계신 너희 아버지'라는 표현을 예수님께서 산상설교에서 여러 번 표현하셨기 때문입니다.

<산상설교에서 '하늘에 계신 너희 아버지'의 용례>

(마 5:16) "이같이 너희 빛이 사람 앞에 비치게 하여 그들로 너희 착한 행실을 보고 **하늘에 계신 너희 아버지**께 영광을 돌리게 하라"

(마 5:45) "이같이 한즉 **하늘에 계신 너희 아버지**의 아들이 되리니 이는 하나님이 그 해를 악인과 선인에게 비추시며 비를 의로운 자와 불의한 자에게 내려주심이라"

(마 5:48) "그러므로 **하늘에 계신 너희 아버지**의 온전하심과 같이 너희도 온전하라"

(마 6:1) "사람에게 보이려고 그들 앞에서 너희 의를 행하지 않도록 주의하라 그리하지 아니하면 **하늘에 계신 너희 아버지**께 상을 받지 못하느니라"

'하늘에 계신 너희 아버지' 이 표현은 "산상설교와 예수님께서 주신 기도문을 이해하는 결정적 열쇠이구나!"[13] 짐작할 수 있습니다.

그러면 유대 사회에서 예수님께서 굳이 '아빠'라는 혁명적인 표현을 사용하신 이유가 뭘까요? 예수님 입장에서 하나님을 아빠라 부른 이유가 뭘까요?

2.2 예수님의 입장에서 "아버지" 호칭 사용과 그 의미

① 하나님의 친아들. 우선 예수님 입장에서 하나님을 아주 친밀하게 '아빠'라고 불렀습니다.

"유대인들이 이로 말미암아 더욱 예수를 죽이고자 하니 이는 안식일을 범할 뿐만 아니라 하나님을 자기의 친 아버지라 하여 자기를 하나님과 동등으로 삼으심이러라"(요한복음 5:18)

자신 스스로 "하나님과 동등한 분, 하나님의 독생자, 하나님의 친아들"임을 알리는 독특한 자기 계시입니다.

② '인자'의 의미. 베드로가 "주는 그리스도시오 하나님의 아들이시다."라는 신앙고백을 하자. 예수님은 곧바로 제자들에게 '곧 나는 십자가에서 죽을 것이다.' 공적으로 알립니다. 예수님께서 하나님의 아들 된다는 것은 필히 십자가 죽음이 따릅니다.

이와 같이 예수님께서 하나님을 '아빠'라고 부를 때에는 양면성이 있습니다.

① 하나님의 모든 것을 인간에게 알리는 하나님의 계시의 중보자, 하나님의 아들이라는 인식이 있습니다.
② 또 한편으로는 하나님 아버지의 구원역사를 성취하기 위해 아버지의 뜻에 철저히 자신을 복종시켜 자기를 대속물로 내어주어야 하는 인자의 의미가 있습니다. 그러므로 예수님이 '아빠'라 부를 때 하나님의 아들과 인자라는 독특한 관계를 함축하고 있습니다.

하나님을 아빠라 부르시는 예수님이 친히 제자들에게 기도문을 가르쳐 주시면서 우리에게도 하나님을 '아빠'라 부르도록 했습니다. 인간의 이해로는 도저히 깨달을 수 없는 것을 '아빠'라는 가장 쉬운 말 가장 쉬운 관계로 표현해 주셨습니다. 가장 멀리 계신 것 같은 분을 가장 가까이 계신 분으로 느끼게 하신 게 예수님의 첫 번째 일이었습니다.

2.3 '아빠' 부름은 성령 하나님의 은혜이다. 전적인 의존을 고백하는 것이다.

이후에 초대교회 성도들은 하나님을 어떻게 생각했을까요? 뼈 속 깊숙한 곳까지 유대인이었고, 신학자였던 바울도 갈라디아서 4장이

나 로마서 8장에서 '아빠'라고 표현합니다.

(갈 4:6) "너희가 아들이므로 **하나님이 그 아들의 영**을 우리 마음 가운데 보내사 **아빠 아버지**라 부르게 하셨느니라"
(롬 8:15) "너희는 다시 무서워하는 종의 영을 받지 아니하고 **양자의 영**을 받았으므로 우리가 **아빠 아버지**라고 부르짖느니라"
(롬 8:16) "**성령**이 친히 우리의 영과 더불어 우리가 **하나님의 자녀**인 것을 증언하시나니"

'하나님과 우리를 아버지와 아들의 관계로 묶는다는 것'은 우리 스스로는 절대로 깨달을 수 없고 고백할 수 없습니다. 하나님의 친 아들 되시는 예수님께서 친히 대속물이 되었기에 우리가 하나님의 아들이 되었습니다. 그래서 우리는 하나님께서 우리 아빠가 된다는 것을 깨달을 수 있었습니다. 이후로 성령 하나님이 내주하는 구원받은 백성이라면 친히 우리 하나님을 아빠인 것을 실제로 부르게 하셨습니다.[14)]

매번 예수 그리스도를 구주로 믿고, 성령 하나님이 내 중심에 내주(內主)하고 있다는 사실을 믿으신다면 하나님을 만날 때 마다 '아빠! 아빠!'라고 부르며 기도의 포문을 여는 기도의 낭만을 누릴 수 있기를 바랍니다.

3. 우리(ἡμῶν) : 기도자의 위치로서 우리

이어서 덧붙여진 '우리'라는 표현을 살펴볼까요? 우리말 문화에서는 '나'와 '우리'가 동급으로 쓰이죠. 나와 친구가 함께 있을 때 "우리 집에 가자" 하면, 그렇다고 해서 이 두 친구가 같은 집에 산다고 아무도 생각하지 않습니다. 그 때 "우리 집"이라고 하는 말은 정확히 "내 집"이라는 뜻입니다. 우리말에서는 우리라는 표현이 잘 구별되지 않습니다. 그래서 우리는 오해할 수 있는데요?

① "우리"라는 표현은 예수님과 제자들을 합쳐서 한 형제라는 말씀일까요? 아니죠. 복음서를 잘 살펴보면, 예수님께서 하나님을 부르실 때에는 '나의 하나님'과 '너희 하나님'을 정확하게 구분하셨습니다.[15] 복음서 전체를 훑어 볼 때 예수님께서 "우리 아버지"라는 표현은 이 기도문에서만 사용합니다.[16] 예수님 입장에서의 '아버지'와 제자들이나 우리 입장에서 볼 때의 '아버지'는 본질적으로 다르기 때문입니다.

하이델베르크 제33문답

문	우리 역시 하나님의 자녀인데, 그분을 왜 "하나님의 독생자"라 부릅니까?
답	왜냐하면 오직 그리스도만 본질로 하나님의 영원한 아들이시기 때문입니다. 우리는 그리스도로 말미암아 은혜로 입양된 하나님의 자녀입니다.

② 이 보다 더 정확한 표현이 어디 있을까요? 예수님만이 본질적으로 '하나님의 영원한 아들'이십니다. 그분께서 하나님을 하늘에 계신 아버지로 부를 수 있는 자격을 우리에게 주셨습니다. "우리는 그리스도로 말미암아 은혜로" 우리의 신분은 바로 "입양된 하나님의 자녀"입니다.

예수님께서 이 기도문을 그의 제자들에게 주시면서 '우리는 그리스도로 말미암아 은혜로 입양된 하나님의 자녀다. 그분이 우리 아빠가 된다. 인격적인 하나님 앞에 기도하면서 아빠라 불러라.' 말씀하셨다면 이 기도문에서 '우리'라는 표현을 어떤 의미일까요? 이 기도문을 받는 대상이 제자들, 하나님 백성들인 우리들을 합쳐서 부르는 표현입니다. 그래서 기도문은 개인의 기도문이 아니라 공동체의 기도문인 것입니다.

주기도문은 아무나 할 수 있는 기도문이 아닙니다. 하나님의 자녀된 사람만이 드릴 수 있는 기도입니다. 기독교인의 기도요, 교회의 기도입니다. 기도문을 통해 예수 그리스도 안에서 높고 낮은 사람이 없이 한 아버지 아래에서 한 형제가 됩니다.

혹시 교회 안에서 형제자매간의 관계, 아버지와 아들의 관계, 남편과 아내와의 관계가 불편하신 분도 있으시지요? 그렇다면 여러분 이 기도문으로 하나님 앞에 나아갈 때 "우리 아버지"라 진실 되게 불러 보십시오. 정말 "우리 아버지"라는 걸 깨달으며 기도 안으로 들어갈 수 있도록 성령 하나님께 의탁을 하십시오.

여러분 모두가 '우리 아버지'라는 복된 고백으로 하나 될 수 있기를 소망합니다.

4. 하늘에 계신(ὁ ἐν τοῖς οὐρανοῖς)의 수식어를 왜 붙여 놨을까?

4.1 하늘들: 시간과 공간을 초월해 편재해 계시는 하나님, '아빠'이지만 경외 받으실 분이다.

끝으로 누가복음에는 없지만 마태복음에 덧붙여져 있는 '하늘에 계신'이라는 말을 살펴보겠습니다. '하늘'은 복수입니다. 그래서 정확하게 번역을 하자면 "하늘들에 계신 우리 아버지"입니다. '하늘들'이 왜 덧붙여졌는지 하이델베르크 문답에 정확하게 표현하고 있습니다.

하이델베르크 제121문답

문	"하늘에 계신"이라는 말이 왜 덧붙여졌습니까?
답	하나님의 천상의 위엄을 땅의 것으로 생각지 않고 그의 전능하신 능력으로부터 우리의 몸과 영혼에 필요한 모든 것을 기대하도록 하기 위함입니다.

'하늘들'은 우리가 보통 생각하듯이 '땅과 반대 개념인 하늘', '단지 공간적으로 위에 계신 하나님'이 아닙니다. 영어로 'heaven'과 'sky'가 다르듯, 그 구별된 위치에 우리가 스스로 침범하거나 마음대로 들락

날락하지 못하는 초연한 신성한 위치를 '하늘들'로 표현했죠.[17)]

그렇습니다. 이 세상 어디에 하늘 없는 곳이 있습니까? '하늘들에 계신 하나님'은 '시간과 공간을 초월하신 분'입니다. '두루 펴져 있어 편재(omnipresence)해 계시는 하나님'이시며 어느 곳에나 안 계신 곳이 없는 무소부재하신 하나님입니다.

그런데 하나님을 친근한 '아빠'라 부르는 것과 신성하고 전능하신 '하늘에 계시는'이란 두 표현은 논리적 모순을 갖는 것처럼 보이지만 '아빠'는 나와 가까이 계시고 친밀하신 하나님 즉, '친근감, 내재성'을 강조하며 '하늘에 계시는'은 하나님께서 나와는 질적으로 다른 '전능함, 초월성'을 강조합니다. 이건 모순을 갖는 게 아닙니다. 오히려 '하늘에 계시는 아빠'는 초월해 계시지만 동시에 '우리의 아빠 되시는 친근하신 분'이라는 변증법적 관계를 아주 잘 보여 줍니다. 우리가 하나님에 대한 균형을 잃어버릴 때 우리는 얄팍한 경험주의적 신앙에 빠져 버릴 수 있습니다.[18)]

4.2 초월성(Transcendence of God)과 내재성(Immanence of God)

그러면 기독교에 있어서 초월성과 내재성이 함께 강조되는 되는 게 중요할까요? 우선, 하나님은 초월적인 분이셔야 합니다. 그분은 인간을 구원하실만한 능력이 있으셔야 하기 때문입니다.

또 한 편으로 하나님은 내재적인 분이셔야 합니다. 아무리 능력이 뛰어난다 하더라도 우리 인간에게 다가오시지 않는다면, 그리고 내재하시지 않는다면, 어떻게 우리에게 아빠 노릇을 할 수 있겠습니까? 하늘 꼭대기 보좌에 홀로 고고하게 앉아계시기만 하신다면, 우리에게 구원이 일어날 수 없습니다.

예1 하나님의 초월성을 부인하는 대표적 신론:

인도의 힌두교나 불교와 같은 범신론(汎神論). 우리를 구원할 초월자가 우리 밖에 존재하지 않습니다. 그래서 자기 스스로 구원해야 한다는 결론에 도달합니다.

예2 하나님의 초월성만 강조하고 내재성이 약한 대표적 신론:

이슬람과 같은 이신론(理神論). 알라는 하늘 저 꼭대기에 홀로 앉아 있을 뿐이지, 결코 타락한 세상에 오지 않습니다.

결국 초월성이든 내재성이든 한 쪽으로만 치우친다면 '자력 구원론'으로 빠질 수밖에 없습니다. 이것은 알미니안주의요, 행위구원으로 빠질 수밖에 없습니다. 그렇기 때문에 기도문의 서론은 이단이냐 아니냐를 판가름하는 중요한 기준이 됩니다.

우리는 분명한 두 기준 속에 건강한 신앙의 기초를 붙들 수 있어야 합니다.

• • •

여러분! '하늘에 계신 우리 아버지여!'를 주제로 이 장을 준비하며 한 주간 보내면서 제 인생 중에 가장 고독한 한 주간을 보냈습니다. 주중에 많은 성도들을 만났고 심방을 했습니다. 그럴수록 더 외롭다는 느낌을 지울 수 없었습니다. 목사님들과 교회를 위해 많은 회의를 하고 토론을 하고 공부를 하면 할수록 가슴이 답답한 겁니다. 말할 수 없는 원천적 고독감이 밀려들었습니다.

주위에 형제자매가 많고, 부부가 한 방에 같이 있고, 많은 사람들을 만난다 하더라도 이런 원천적 고독에 시달릴 때가 있지 않습니까? 저는 하나님 앞에 물었습니다. "하나님! 왜죠? 왜 그런 거죠?"

이때 성령 하나님은 저에게 누가복음 15장에 나오는 그림 한 폭을 보여주셨습니다. 당시 유대인들의 문화와 사상으로 볼 때 정말 이상한 아버지와 아들을 통해, 하늘 아버지가 어떤 분인지를 충격적으로 전해 주셨습니다.

어느 날 둘째 아들이 두 눈 시퍼렇게 뜨고 있던 아버지에게 찾아가서 "아버지 유산 미리 댕겨 주세요!"라고 말하며 아버지를 마치 뒷방 노인네 취급을 했습니다. 결국 자식 이기는 부모 없었나봅니다. 아들은 아버지의 뜻을 거스르고 이방 땅까지 가서 유산을 탕진하고 왔습니다. 파산을 하고 돌아온 그 아들에 대해 아버지는 끝까지 자기 아들에 대해 용서라는 자비를 베풉니다. 그래서 '탕자의 비유'가 아니라 '선한 아버지의 비유'라는 표현이 맞는 것 같습니다.

돌아온 탕자가 제일 먼저 한 말이 무엇입니까?

"아들이 이르되 아버지 내가 하늘과 아버지께 죄를 지었사오니 지금부터는 아버지의 아들이라 일컬음을 감당하지 못하겠나이다 하나" (눅 15:21)

탕자는 이렇게 아버지를 세 번을 불렀습니다. 주님께서 제자들에게 가르쳐 주신 기도문의 첫 호칭입니다.

바로 '아빠(헬, 파테르)'였습니다. 그러면 다 끝난 것 아닙니까? 뒤에 상황은 굳이 설명하지 않더라도 그림을 다 알죠. 아버지에게 착 안기면서 '아빠!'라는 말 한 마디와 함께 그의 모든 존재가 회복되었습니다. 아버지와의 관계가 회복되었습니다.[19]

하나님은 지금 여러분에게 이렇게 얘기하십니다. "너는 '하나님을 향한 불치의 향수병'이 걸린 둘째 아들, 탕자의 가슴이 있느냐? 주님께서 제자들에게 가르쳐 주신 기도의 황금열쇠를 주셨는데, 넌 왜 그걸 사용하고 있지 않니? 이 기도문을 날마다 외우지만 아빠! 하늘에 계신 아빠! 하늘에 계신 우리 아빠! 너의 냉랭한 가슴이 왜 따뜻해지지 않는 거니! 왜 누리지 못해!" 저 역시 '아빠'하고 그 분의 가슴에 안길 때 말할 수 없는 전율과 감동을 누릴 수 있었습니다.

독자들은 어떤 현실 속에 있습니까? 고독감의 창살, 불편한 현실, 불투명한 미래, 관계의 아픔이 있으세요? 그렇다면 부탁드립니다. '하나님을 향한 불치의 향수병'이 걸린 가슴으로 "하늘들에 계신 우리 아버지"라고 기도의 첫 포문을 여십시오.

온 우주를 초월하시고 무소부재하신 전능하신 하나님을 '나의 아빠야! 나의 아빠라고!' 이렇게 인식하며 불러보십시오. 이 세상에 하늘 없는 땅이 없듯이 하나님께서 항상 우리와 함께 하신다는 사실을 믿으십시오. 내 모든 것을 아시는 하나님이 우리의 아버지 되심을 함께 누리실 수 있기를 바랍니다.

함께 읽으면 좋아요~!

약함의 자리

마이클 호튼, 복있는사람, 2013.

칼빈 신학(근본 성경교리 해석)

문병호, 지평서원, 2013. 中 제4장 '하나님의 맞추심'

2장 기도의 대상을 부름 요약

1. 누가복음 11장과 마태복음 6장에 각각 기록된 주기도문은 서로 다른 청중을 대상으로 기록되었기 때문에 그 내용에도 다소의 차이가 있습니다.

2. 주기도문은 ①하나님의 이름을 부름, ②3개의 '당신' 청원, ③3개의 '우리' 청원, ④송영으로 구성되어 있습니다. 여기서 3개의 '당신' 청원은 하나님 나라가 오심을 고대하는 하나의 청원으로 볼 수 있습니다.

3. 하나님을 '아빠'라고 친근하게 부르는 것은 당시 유대교 상황에서 혁명적인 일이었습니다. 이는 예수님을 구주로 믿는 자에게 주시는 성령 하나님의 전적인 은혜로 가능한 일입니다.

4. 예수님은 본질적으로 하나님의 영원한 아들이시며, 우리는 예수님으로 말미암아 은혜로 입양된 하나님의 자녀입니다.

5. '하늘들에 계신'이라는 표현은 시공간을 초월해서 편재해 계시는 하나님을 가리키며, 하나님은 우리의 '아빠'이지만 동시에 경외 받으실 분이십니다. 초월성이든 내재성이든 한쪽으로 치우친다면 '자력구원론'으로 빠질 수밖에 없습니다.

2장 기도의 대상을 부름 | 소그룹 질문

1. '아버지'라고 하면 어떤 이미지가 떠오르시나요?

2. 주기도문에서 하나님을 '아버지'로 표현하고 부르는 이유는 무엇일까요? 각자의 생각을 나누어 봅시다.

3. 살면서 내편이 아무도 없이 혼자 있는 것 같은 외로움에 빠져 본 적이 있나요? 밝히기 곤란한 비밀이 아니라면 어떤 상황이었는지 나누어 봅시다.

4. 고독과 슬픔과 같은 부정적인 감정에 휩싸여 있을 때 우리의 아버지가 되시는 하나님을 어떻게 기억하고 간절히 찾을 수 있을지 각자의 방법과 자기만의 경험을 나누어 볼까요?

3

하나님을 향한 불치의 향수병

'당신'에 관한 첫 번째 간구

ἁγιασθήτω τὸ ὄνομά σου·

이름이 거룩히 여김을 받으시오며

(마태복음 6:9)

처음 신앙생활을 하시는 분 중에 간혹 이런 질문을 하실 때가 있습니다. "목사님! 저와 같이 기도할 줄 모르는 사람은 그냥 주기도문을 외우라고 하던데요?" 이 말은 반은 맞고 반은 틀립니다. 어떻게 기도해야할지 무엇을 기도해야할지 모를 때에는 "주님께서 제자들에게 가르쳐 주신 기도문"을 따라 고백하고 외우시면 됩니다.

그런데 어느 정도 신앙인격이 되었지만 여전히 기도의 의미를 모른 채 외우기만 한다면 이 기도를 남용하는 것입니다.[20] 마치 이방인의 기도처럼 의미없이 같은 말을 되풀이하는 중언부언하는 기도가 되는 셈이 됩니다.

여러분들은 이 장을 통해 "주님께서 제자들에게 가르쳐 주신 기도문"의 깊은 맛을 누리셔서 신앙생활을 새롭게 도약하는 중요한 분수령이 되십시오.

먼저 큰 틀에서 마태복음 판에서 주기도문의 구조를 다시 한 번 살펴보겠습니다.

1. 큰 틀: 마태복음에서 주님이 제자들에게 가르쳐 주신 기도의 교리적 vs 성경신학적 접근

마태복음에서 주기도문은 6개의 청원들로 구성이 되어 있지만 결국 좁히면 4개의 청원으로 볼 수 있습니다.

마태복음(6개의 청원)	누가복음(4개의 청원)
Ⅰ. 하나님의 이름 부름	
"하늘에 계신 우리 아버지여"	"아버지여"
Ⅱ. 3개의 '당신'청원 : 하나님 나라가 오심에 대한 청원	
① "(당신의) 이름이 거룩히 여김을 받으시오며" 청원 or 찬양 ② "(당신의) 나라가 임하시오며 " ③ "(당신의) 뜻이 하늘에서 이루어진 것 같이 땅에서도 이루어지이다"	① (당신의) 이름이 거룩히 여김을 받으시오며 ② (당신의) 나라가 임하시오며
Ⅲ. 3개의 '우리'청원 : 우리에게 오는 축복에 대한 청원	
④ "오늘 우리에게 일용할 양식을 주시옵고" ⑤ "우리가 우리에게 죄 지은 자를 사하여 준 것 같이 우리 죄를 사하여 주시옵고" ⑥ "우리를 시험에 들게 하지 마시옵고 다만 악에서 구하시옵소서"	③ 일용할 양식 ④ 죄 용서에 대한 청원 ⑤ 지금도 완전히 박멸되지 않는 사탄으로부터의 보호에 대한 청원
Ⅳ. 송영(doxology)	
"나라와 권세와 영광이 아버지께 영원히 있사옵나이다. 아멘"	

성경 문맥(성경신학적 접근)에서 1+3 '하나님 나라'라는 한 주제와 더불어 3개의 청원으로 봤죠. 그런데 교리문답과 역사 전통적인 해석 방식은 "Ⅱ. '당신'"과 관련한 3개 청원" 그리고 "Ⅲ. '우리'와 관련한 3개의 청원"으로 나누는데 우리는 이 결(입장)에 따라 보고 있습니다.

2장에서는 기도의 포문을 열면서 "[9] 하늘에 계신 우리 아버지여"를 살펴보았고요. 3장에서는 첫 번째 청원에 해당하는 "이름이 거룩히 여김을 받으시오며"의 의미를 살펴보겠습니다.

2. 작은 틀 1: "당신의"를 넣고 빼는 문제에 있어서 번역상의 문제

2.1 (당신의)가 번역에서 생략된 이유

헬라어를 잠시 볼 텐데요, 단어가 딱 4개 나오니까 어렵게 생각하지 마시고 감상해 보세요.

ἁγιασθήτω	τὸ ὄνομά,	σου·[21)]
거룩히 여김을 받다.	그 이름이	(당신의)

그런데 우리가 외우고 음미하던 것과는 달리 어색한 부분이 있지요? 주님께서 가르쳐 주신 기도를 외우시면서 (당신의)라는 말을 넣어서 하는 분 없으시죠? 헬라어 원문에는 분명히 있는데, 왜 한글 번역에서는 이 말이 빠져 있을까요?

우리는 보통 상대방에 대해서 불경하게 부를 때 "당신 말이야!"라는 말을 쓰죠! 하나님을 당신으로 부른 다는 게 영 찜찜했던 것 같습니다. 손윗사람에게 '당신'이라고 부르는 것은 어법에 맞지 않다고 보았습니다. 그래서인지 「개역성경」과 「개역개정판」은 'σου' '당신'을 번역하지 않고 빼어 버렸습니다. 「새번역」은 "당신의 이름"을 불경스럽다고 여겼는지 아예 "아버지의 이름"이라고 의역을 했습니다. 하지만 새로 나온 「표준새번역」은 다시 후퇴해서 "이름"이라고 돌려놓았습니다.

2.2 나름의 원칙을 정하기

이렇듯 조국교회가 성경 번역에 있어서 나름의 원칙조차 정하지 못하고 있는 실정입니다. 혹시 성경의 원문에 충실하기보다는 교인들의 정서를 지나치게 감안하거나(?) 서로간의 이해 득실관계에서 생긴 결과가 아닐까요? 필자가 보기에 교회가 진정한 "뜻"은 저버리고 편안한 "말"에만 매달리고 있다는 인상이 짙습니다. 저자는 우리 신앙의 유익을 위해 충실한 번역과 주기도문의 참된 의미를 정확하게 가르쳐야 한다고 생각합니다.

3. 작은 틀 2: "거룩해지게 하소서" 문법적 정보

3.1 "거룩의 의미": 구별됨', '도덕적 완전함'을 의미 → 하나님밖에는 사용할 수 없는 단어

이어서 첫 단어 '거룩'(하기아조/ἁγιάζω)이라는 단어를 살펴볼까요? 이 말은 본질적으로 하나님밖에는 사용할 수 없는 말입니다.[22] 왜냐하면 하나님은 피조물과 본질적으로 다른 분이시기 때문입니다. 무한하고 절대적이며 영원한 차이가 있기 때문입니다.

'거룩'이라는 단어 앞에 우리 모두가 겸손한 첫 걸음으로 이 기도의 낭만을 누릴 수 있어야 합니다.

'거룩히 여김을 받으시오며' 사실 이 의미가 우리말 감각으로는 정확한 뜻이 이해가 가지 않는 문맥일 수도 있는데 그 이유는 헬라어 특유의 어법이 있기 때문입니다. 우리가 뜻을 알아야 제대로 기도할 수 있기 때문에 좀 생소하시더라도 헬라어의 문법을 알아보려합니다. 그러나 말씀을 사랑하시는 분이라면 충분히 소화해 낼 수 있습니다.

3.2 "거룩해지게 하소서" 수동태

"거룩해지게 하소서"(하기아스쎄토/ἁγιασθήτω)는 헬라어 문법으로 분석을 해 본다면 〈동사, 명령법, 단순과거, 수동태, 3인칭, 단수〉입니다. 이 동사가 수동태이니까 '거룩해지다. 거룩하게 되다'입니다. 그런데 여기서 중요한 것은 이름을 거룩하게 하는 주체가 누구인 것인지를 아는 것입니다.

① '정통보수'를 표방하는 분들의 해석으로 "하나님이 주체"일 때 입니다.

'하나님' 스스로가 주어인 '신적 수동태'로 봅니다.[23) 「표준새번역」성경은 하나님을 주체로 해서 '이름을 거룩하게 하시오며' '하나님 당신에 의해서 당신의 이름이 거룩해지기를 바랍니다.' 라는 의미로 번역했습니다.

이 번역의 취지는, "인간은 죄로 인해 지성, 감정, 의지의 전인격이 부패했기 때문에 하나님의 이름을 거룩히 여김 받도록 할 수 없다. 인간이 더럽힌 이름을 회복할 수 있는 분은 하나님밖에 없다."는 것을 근거로 삼습니다.[24)]

"그러므로 너는 이스라엘 족속에게 이르기를 주 여호와께서 이같이 말씀하시기를 이스라엘 족속아 내가 이렇게 행함은 너희를 위함이 아니요 너희가 들어간 그 여러 나라에서 더럽힌 나의 거룩한 이름을 위함이라 여러 나라 가운데에서 더럽혀진 이름 곧 너희가 그들 가운데에서 더럽힌 나의 큰 이름을 내가 거룩하게 할지라 내가 그들의 눈앞에서 너희로 말미암아 나의 거룩함을 나타내리니 내가 여호와인 줄을 여러 나라 사람이 알리라 주 여호와의 말씀이니라"(에스겔 36:22-23)

그러나 주님께서 제자들에게 가르쳐 주신 이 기도문은 '제자들'인 '우리'가 하는 것인데 '하나님 자신이 당신의 이름을 거룩하게 하시리라'고 한다면, 마치 '하나님 스스로 기도하는 꼴'이 됩니다. 아니면 '마치 하나님 스스로가 당신의 이름을 거룩하게 하지 못할 우려가 있으니 우리가 기도해 드릴까요?' 인간이 하나님을 생각해 주고 위해 드리는 이상한 모양이 됩니다.

② 다음은 "나 자신이 주체"일 때입니다.

기도의 맛을 아는 사람들의 입장에서 볼 때, '나에 의해서 하나님의 이름이 거룩해지기를 바랍니다.' 어떻게 해서 이런 주장이 나올 수 있을까요? 이번 장의 가장 어려운 부분이지만 저와 손잡고 함께 넘어가겠습니다.

3.3 "거룩해지게 하소서" 3인칭 과거 명령법

'거룩해지다'의 또 다른 문법적 요소는 〈3인칭, 단순과거 명령법〉입니다. 우리말로 볼 때, '과거형'으로 명령한다는 것이 이해가 되지 않을 뿐더러 게다가 '명령법'이라면 "너, 당신" '2인칭'이어야 하는데, '3인칭'으로 명령합니다. 이게 도무지 감이 잡히지 않습니다.

이 구절만 아니라 다음에 이어지는 10절에서 "당신의 나라"와 "당신의 뜻"을 말할 때에도 〈수동태와 3인칭 과거 명령법〉을 사용합니다. 아! 그렇다면 이 문법은 주기도문의 전반부를 해석하는 데 결정적인 열쇠가 될 것 같습니다. 간만에 저도 헬라어 문법책을 뒤져 봤는데요.

> "명령법(imperative)은 명령적 화법에 주로 사용된다. 그러나 문맥에 따라서 명령이 아닌 간청(entreaty) 혹은 기원문 허락(permission), 조건문(conditional clause), 인사(greeting), 경고(warning)를 나타내는 데 사용되기도 한다. 현재명령법은 동작의 시작과 종결이 아닌 무시간적 상태성을 강조하여 'Always be doing it'의 의미를 지니며 일반적인 교훈을 주는 데에 주로 사용된다. 반면, 과거명령법은 동작의 시작과 종결을 염두에 둔 사건적 성경에 초점을 맞추어 Do this particular thing at this particular time의 의미를 지니며 좀 더 구체적이고 특수한 사안에 대한 명령에 쓰인다. 예를 들어 우리에게 일용할 양식을 주소서 라는 문구가 마태복음 6:11에서는 과거명령법으로 표현되고 있는 반면, 누가복음 11:3에선 현재명령법으로 표현되고 있다. 따라서 마태복음 6:11(과거명령법)의 문구는 오늘의(this day) 양식을 주옵소서 라는 의미가 되며, 누가복음 11:3(현재명령법)의 문구는 매일의(each day) 양식을 (늘) 주옵소서라는 의미가 된다."[25]

그렇습니다. 헬라어에서 '명령법'은 문맥에 따라 '명령'뿐만 아니라 '기원, 간구'를 나타낼 수도 있습니다. 특히 기도문에 명령법을 썼다는 건 '기도하는 자'가 기도의 대상이신 하나님 앞에서, "내가 당신의 이름을 거룩하게 하겠다"는 것을 '기원하고 다짐'하는 것입니다.

3.4 기도의 주체: 하나님 vs 기도자(인간) - 성경의 모순인가? 계시의 풍부함인가?

지금까지 강론을 잘 따라오신 여러분! 성경을 통전적으로 전체로 볼 때에는 하나님이 주체가 되어 '하나님만이 스스로의 이름을 거룩하게 하실 수 있는 분'이 틀림없습니다. 그런데 성경을 마태복음 문맥 안에서 문법적 접근으로 볼 때 기도하는 주체가 내가 되어 '내가 하나님의 이름을 거룩하겠다는 다짐이요 기원'도 맞습니다.

"아니! 그렇다면 정확무오(正確無誤)한 하나님 말씀인 성경이 스스로 모순을 갖는 겁니까? 어떤 게 맞는 겁니까?"라는 질문이 생길 수도 있지만 이건 모순이 아니라 오히려 하나님 속성과 죄인 된 인간 사이에 관계를 맺을 때 그 딜레마의 해결을 위해 십자가에 나타난 하나님의 두 성품을 직시하는 계시의 풍성함입니다.

① 먼저 하나님의 공의와 거룩하신 부분입니다.

오직 하나님만이 하나님의 이름을 거룩히 여김 받도록 할 수 있는 능력이 있습니다. 그러니 죄인은 결코 하나님의 이름을 거룩히 여김을 받도록 할 수 없습니다. 거룩하신 하나님이 죄인인 인간과 관계를 맺기 위해 취하신 방법이 무엇이었습니까? 친히 사람의 몸을 입고 세상에 내려 오셨습니다. 인류 역사상 가장 우아한 패배로 우리 대신 십자가에 죽으셨습니다. 이건 단지 우리에게 감동을 주는 이벤트가 아닙니다. 하나님의 진노를 한 몸에 받으시므로 하나님의 공의, 하나님의 거룩을 이루셨습니다.

② 또 하나님의 사랑입니다.

우리는 십자가에서 피 흘려 돌아가시는 주님을 보며 비로소 하나님의 놀라운 사랑을 알게 됩니다. 하나님의 딜레마를 예수님의 십자가의 두 Cross(공의와 사랑)의 사역을 통해 이루시고, 우리는 하나님의 새로운 피조물이 되었습니다. 우리가 그 죄에서 씻음 받아 하나님과 한 가족이 되었습니다. 결국 성도가 된 우리가 하나님의 이름을 거룩히 여길 수 있는 존재가 되었습니다.

하나님을 '아빠, 아버지'라고 부르는 〈아버지의 아들딸〉로서 "당신의 이름이 거룩해지도록, 나를 통해서 당신의 이름이 욕되게 하지 않기 위해 살도록 하겠습니다. 아버지의 이름이 거룩해지게 하겠나이다."라는 '다짐'이고 '추구'의 기도입니다.

그렇다면 "거룩해지게 하소서"가 아니라 "거룩해지게 하겠나이다."로 번역하는 게 본래의 의미에 더 가까운 해석이라고 생각해 봅니다.

여러분! 지금까지 저와 여러분은 이 기도를 수많이 해왔습니다. 그러나 이런 깊은 뜻을 음미하지 못했을 때에는 그저 하나님만 막연하게 떠올린 채 쓱 하고 지나가는 기도를 하지는 않았습니까?

그런데 '거룩해지게 하다'는 명령법이 우리의 기원이고 우리의 간구이며 우리의 다짐이라는 의미임을 깨닫자 등골이 오싹해지는 느낌이 들었습니다.

"아! 나는 이 기도대로 간구대로 기원대로 제대로 살고 있는가? 스스로 '하나님의 자녀'라고 자부하면서도 '하나님의 자녀답게' 살고 있는가? 아버지의 이름을 거룩하게 하기는커녕, 오히려 아버지를 욕되게 하고 있지는 않는가? '거룩한 영'인 성령을 받았노라 내세우면서도 그 삶이 엉망진창은 아닌가? 세상으로부터 비웃음을 사고 있지는 않은가?"라고 자문(自問)해 보셨습니까?

그럼 어떻게 해야 하나님의 이름이 거룩히 여김을 받도록 할 수 있을까요? 우리는 전인격을 통해 하나님의 이름을 알아야 합니다. 하나님을 아는 만큼만 '하나님의 이름이 거룩히 여김을 받도록' 할 수 있습니다.

이 기도문을 외우시면서 하나님에 대해서 주변적으로 아는 것 말고요. 진정 하나님을 아는, 하나님과 관계하는 믿음에 배고파하시고 갈급해 하시고 목말라 하십시오.

4. 작은 틀: 말씀 씹기 - "이름이"

4.1 하나님의 이름이 있는가?

우리가 정작 하나님을 알고 싶고 하나님의 이름을 알고 싶습니다. 하지만 우리의 의문은 하나님 이름이 있는가하는 겁니다. 당연히 피조물은 이름을 가집니다. 하지만 하나님은 이름이 없어요. 만약 누군가 이름을 지었다면 지은 사람에 의해 규정된 신이 됩니다.[26] 예를 들어 '최영인'이라는 이름을 제 스스로 지었습니까? 아니죠? 저의 부모님이 지어서 불렀고 그게 저의 이름이 된 것입니다. 하나님의 이름은 누가 지어 준 게 아닙니다.

4.2 성경에서 하나님의 이름의 두 가지 범주(통로)

이렇듯 하나님의 이름은 성경에서 크게 두 가지로 계시하는 통로입니다.[27]

① 첫째(계시의 통로)는 하나님의 이름은 스스로 드러내셨습니다. 하늘에 계신 우리 아버지의 이름은 스스로 계시하여 드러내셨습니다.

"하나님이 모세에게 이르시되 나는 스스로 있는 자이니라 또 이르시되 너는 이스라엘 자손에게 이같이 이르기를 스스로 있는 자가 나를 너희에게 보내셨다 하라"(출애굽기 3:14)

감히 '야훼'라고 부르기도 두려워 '주'라는 뜻의 '아도나이'라고 불렀습니다. 나중에 '야훼'의 자음과 '아도나이'의 모음이 합쳐져서 '여호와'라는 이름이 생겨납니다. 하나님의 이름은 '여호와'입니다. 이 이름은 자신의 존재와 본질입니다. 그래서 성경은 하나님의 이름과 하나님 자신을 동일시합니다.

그러나 인간은 그렇지 않습니다. 아까 제 이름이 '최영인'이라고 했는데 '길영(永), 어질인(仁)'자를 써서 '영원히 어진 사람이 되어라'라는 뜻인데요. 제가 어질고 착한 사람으로 보이시는지 독자들께서 보시기에 어떻게 보실지 모르겠습니다. 이렇듯 사람들은 얼마든지 이름과 그 존재와 성품이 다를 수 있습니다.

② 둘째(인식의 통로) 하나님의 이름은 하나님과 인간들이 맺고 있는 관계입니다.

하나님과 인간을 비롯한 만물이 맺고 있는 관계를 나타냅니다. '엘로힘'은 창조의 하나님이시며, 모든 신들 위에 뛰어나신 유일하신 신이시며, 크고 무한한 권능으로 이 세상 다스리신다는 의미입니다. 그 밖에 주님이라고 번역되는 '아도나이' 그 외에도 여호와 이레, 여호와 샬롬, 여호와 라파, 여호와 닛시 등등의 이름들은 각각 어떤 특정한 상황 속에서 당신 자신이 어떠한 속성을 가지신 분이신지를 드러내는 이름입니다.[28)]

지금까지 저와 함께 복잡하게 살펴봤는데요. 제 목양실 책상위에는 주기도문에 관한 책들이 산더미 같이 쌓여 있습니다. 책들과 사투를 벌이며 여기까지 왔는데 이미 아주 명확한 언어로 정리되어 있는 믿음의 선배들이 했던 교리문답이 있습니다. 하이델베르크 122문은 어떻게 이 부분을 해석을 하고 있는지 보실까요?

문	첫 번째 청원은 무엇입니까?
답	"당신의 이름이 거룩하게 되소서."입니다. ① 이 청원은 먼저, "우리가 당신을 바르게 알도록 해 주시고, 당신이 당신의 전능하신 능력과 지혜와 선하심과 의와 자비와 진리가 빛나는 당신의 모든 사역 안에서 거룩하게 되시고, 영광받으시고, 찬양받으소서."라고 구하는 것입니다. ② 이 청원은 또한 "당신의 이름이 우리 때문에 더렵혀지지 않고, 항상 높임을 받고, 찬양받으실 수 있도록 우리가 우리의 전체 생활 곧 우리의 생각과 말과 행동을 다스리게 하소서." 라고 구하는 것입니다.

첫 부분이 하나님 스스로가 이름을 거룩히 여김을 받는 존재이니 성경을 통전적으로 봤을 때의 의미입니다.

두 번째 부분이 마태복음 안에서 문맥, 문법적 데이터를 가지고 봤을 때 우리의 기원과 우리의 다짐의 의미입니다.

5. 성경의 이름신앙: 불변하시는 하나님 vs 가변적인 그 이름: 그 이름의 영광

여러분! 우리가 매번 "이름이 거룩히 여김을 받게 해 달라"고 기도할 때 하나님을 바르게 알도록 해 달라는 간절함으로 나아가셨습니까? 우리에게 일어나는 모든 일들이 하나님의 전능하신 능력과 지혜와 선하심과 의와 자비와 진리가 빛나는 그 분 안에서 거룩하게 되고 영광 받으시고 찬양 받으시기를 간절히 구하셨는지요?

우리는 얼마나 하나님의 영광에 취하며 살아갑니까? 진정 우리는 하나님을 즐거워하고, 하나님께 찬양드리는 삶으로 살아가십니까? 여호와 하나님은 불변하시는 하나님입니다. 그러나 여호와 하나님은 당신의 이름을 친히 세상 사람들 사이에 두셨습니다. 그래서 하나님은 불변하는 이름이지만 사람들이 어떻게 행동하느냐에 따라 짓밟히기도 하고 존귀히 들려지기도 하는 가변성이 있는 이름이기도 합니다. 저는 구약의 두 장면을 여러분에게 소개할까 합니다.

5.1 민수기 20장

모세는 애굽에서 종노릇 하던 이스라엘 백성들과 함께 홍해를 건너 출애굽을 합니다. 종들까지 합하면 수백만에 이르는 이스라엘 백성을 이끌고 신 광야라고 하는 아주 고약한 땅으로 들어왔습니다. 백성들은 먹을 물이 뚝 떨어지자 모세에게 입에 담을 수 없는 욕설과 원망을 쏟아 냈습니다. "당신은 왜 애굽에 가만히 잘 있는 우리를 꼬드겨 여기까지 데려 왔느냐! 우리가 애굽에 있었으면 이런 생고생을 안 할 텐데."

모세도 인간이니 그 순간 머리 뚜껑이 열렸습니다. 표독스러운 눈빛을 하고 있는 백성들을 이끌고 반석으로 가죠. 백성들을 향해 성경에는 "반역한 너희여 들으라!"하며 화풀이를 했습니다. 성경에 점잖게 기록을 해서 그렇지 '이런 고약한 인간아! 이런 저질 같은 인간아! 내가 물을 줄 테니 배 터지도록 실컷 마셔봐라.'하는 의미이겠지요?

아무리 하나님 손에 쓰임 받는 위대한 종이지만 때로는 감정이 폭발하면 자기를 잊어버리는 때가 있습니다. 지팡이를 꽝꽝 두 번 내리쳤습니다. 물이 터졌고 백성들이 환호성을 지르며 덤벼들었습니다. 웅장한 드라마가 연출되었습니다. 그런데 문제는 모세가 반석을 때리며 물을 내니 백성들은 하나님이 아니라 모세가 물을 주는 것처럼 착각했습니다. 모세는 거드름을 피웠겠지요? 하나님은 그 점을 용서할 수 없었습니다.

"여호와께서 모세와 아론에게 이르시되 너희가 나를 믿지 아니하고 이스라엘 자손의 목전에서 내 거룩함을 나타내지 아니한 고로 너희는 이 회중을 내가 그들에게 준 땅으로 인도하여 들이지 못하리라 하시니라"(민수기 20:12)

모세는 여기서 하나님의 이름에 합당한 이름의 영광을 돌리는 데 실패했습니다.

여러분! 사람으로부터 인기를 누리고 자신의 이름이 잘 알려진 사람일수록 왜 위험할까요? 얼마든지 하나님의 이름을 갖다 대지만 하나님의 영광을 가로채고 하나님의 뜻과는 정반대로 갈 수 있습니다. 그래서 자기관리를 하지 못한 유명한 목사들의 말로가 너무너무 비참하지 않습니까? 이 기도문에 제일 위험한 사람이 누굴까요? 이 글을 쓰는 제가 아닐까요?

5.2 사무엘상 17장

블레셋과 이스라엘 군대가 긴장감 속에 대치하고 있었습니다. 장대같이 큰 거인이 소리를 질러댔죠! 가만히 들어 보니 하나님의 이름과 그의 이름으로 선택된 이스라엘 백성을 모욕합니다. 하나님의 이름이 욕보임 당하자 다윗은 현실을 회피할 수 없었습니다. 물맷돌을 들고 나갔습니다. 그의 마음속에서 우러난 하나님을 향한 사랑이 그를 더 이상 묶어 두지 못했습니다.

그러면 이렇게 물을 수 있죠. 골리앗의 망발을 들었지만 침묵을 지켰던 이스라엘 백성들은 아무도 하나님을 사랑하는 사람이 없었을까요? 네 진정한 의미에서는 그들 중 아무도 하나님을 사랑하지 않았습니다. 그들은 하나님의 이름이 욕되게 짓밟혔지만 반응하지 않았습니다. 오직 다윗 한 사람만이 주님을 사랑했으며 하나님의 이름을 향해 목숨을 두려워하지 않고 전쟁터에 나갔습니다. 이게 이름의 영광을 위하여 사는 성도의 열렬한 마음이었습니다.

광야 한 모퉁이에서 목동으로 살던 다윗, 이름 없이 빛도 없이 이 세상 한 귀퉁이에 있던 자입니다. 그는 가진 것 없고 누린 것 없었습니다. 하지만 그는 결정적인 순간에 주님의 이름을 위해 어린 아이 같은 마음으로 헌신하였습니다. 이것이 하나님의 이름과 성도와의 진정한 관계입니다.

여러분! 어디선가 "주님의 이름이 높이 여김을 받는다"는 소식이 들려오면 기쁜 마음으로 가슴이 벅차오르시거나 "주님의 이름이 모욕 받는다"는 소식이 들려오면 그 분의 이름이 짓밟힌 것이 마치 자신의 죄악이 되는 것처럼 가슴을 찢으며 비통해 하십니까? 저는 최근 들어 존경하는 목사님들이 이런 저런 이유로 넘어지며 하나님의 이름까지 짓밟힐 때 얼마나 가슴이 아픈지 모릅니다. 이게 하나님 자녀의 운명이며 이 기도를 하는 자들의 삶입니다.

저와 여러분 모두가 이런 하나님의 이름과 관계를 맺으셔서 주의 이름을 향한 거룩한 야성이 회복되시기를 바랍니다.

❀ ❀ ❀

하나님의 이름이 짓밟히는 곳에 인간의 행복이 있는가 보세요. 하나님이 영광 받지 못하는 곳에 인간이 평안하게 살 수 있는지 보세요. 하나님 이름이 영광 받으시는 그곳에서만이 우리도 행복할 수 있습니다. 내일이라는 희망이 있습니다.

만약 그리스도인임에도 불구하고 하나님 이름의 명예를 위하여 살지 않는 모든 삶은 무위도식입니다. 여러분 지금부터라도 하나님의 이름이 거룩히 여김을 받는 일을 생애 가장 중요한 과제로 놓고 기도하십시오.

물론 우리 힘으로 하나님 이름에 합당한 영광을 돌릴 수 없습니다.

그러므로 이 기도 속에서는 하나님 내가 그렇게 살기를 원한다고 아무리 결단하고 아무리 약속해도 내 힘으로 안 됩니다. 하나님! 은혜를 주시옵소서. 성령 하나님 도와주십시오. 그 간구가 그 속에 들어 있다는 것을 잊지 마십시오.

우리 믿음의 선배들은 하나님의 영광에 온전히 취해 있던 자들이었습니다. 하나님이 능력을 주셨을 때 그들이 순종할 수 있었습니다. 하나님의 은혜가 임할 때 그들이 성령의 능력을 힘입어 하나님을 찬송할 수 있었습니다. 진리에 눈을 열어 주셨을 때 그들은 하나님과 깊은 영적교제를 할 수 있었습니다. 원수를 무찔러 주셨을 때 하나님의 이름을 높일 수 있었습니다. 고통과 역경에서 막대기와 지팡이로 안위해 주셨을 때 그들은 하나님을 사랑할 수 있었습니다.

하나님 영광에 취하여 여러분이 속한 교회가 하나님의 이름으로만 영광 받는 귀한 교회가 되십시오.

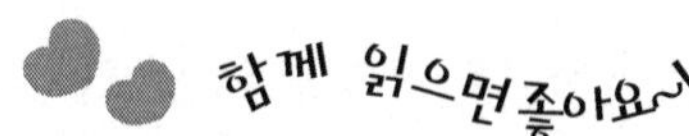

신학의 체계

토마스 왓슨, 크리스챤 다이제스트, 1996. 中 서론 1장 '인간의 첫 번째 목적'

오직 하나님께 영광

박순용, 지평서원, 2012.

3장 '당신'에 관한 첫 번째 간구 요약

1. '당신의'라는 단어가 헬라어 원문에는 들어있지만, 우리말 번역에는 빠져 있습니다. 앞의 3개의 간구를 볼 때 하나님께 대한 간구임을 생각할 필요가 있습니다.

2. '거룩해지게 하소서' 라는 어법은, 하나님이 거룩하게 하는 주체일 수도 있고 기도자 자신이 거룩하게 하는 주체일 수도 있습니다. 이는 모순이 아니라 하나님의 공의와 사랑이라는 두 성품을 풍성하게 드러내는 부분입니다.

3. 하나님의 이름은 스스로 드러내신 절대적인 이름과 하나님이 인간들과 맺고 있는 관계 속에서 가르쳐 주신 상대적인 이름이 있습니다. 이처럼 하나님께서는 불변하시는 하나님이지만, 그 이름을 친히 세상 사람들의 사이에 두셨습니다.

4. 하나님의 이름이 합당하게 높아지기를 소망하는 것, 그리고 우리가 하나님의 이름에 합당한 영광을 돌릴 수 있도록 간구하며 삶으로 추구하는 것이, '당신'에 관한 첫 번째 간구의 정신입니다.

3장 '당신'에 관한 첫 번째 간구 | 소그룹 질문

1. 하나님의 '이름'은 누가 붙인 걸까요? 각자의 생각과 함께 그렇게 생각한 이유와 취지도 나누어봅시다.
2. 우리가 하나님의 이름을 거룩하게 할 수 있는 존재일까요? 하나님의 이름의 가치가 우리 때문에 달라진다는 것이 가능할까요?
3. 하나님의 이름이 거룩하게 여김 받지 못하고, 오히려 사람들에게 짓밟히는 장면을 목격한 적이 있습니까? 어떤 상황이었는지 나누어 봅시다.
4. 우리의 삶 속에서 하나님의 이름이 거룩하게 하기 위한 실천적인 행동들이 어떤 것이 있을지 각자의 생각을 말해보세요.

4

나라(이, 에, 가) 임하옵시며

'당신'에 관한 두 번째 간구

ἐλθέτω ἡ βασιλεία σου·

나라가 임하시오며

(마태복음 6:10)

생사를 넘나드는 사람들에게 "나라가 임하옵시고"라는 기도문이 어떻게 들릴까요? 또 길에서 "예수 천당, 불신 지옥"을 외치며 원색적으로 전도하시는 분을 보셨죠? 세상 사람들은 "천국"하면 어떻게 생각할까요?

여러분에게 "나라이 임하시고"하는 기도는 어떤 의미입니까? 누군가 묻는다면 아마도 선뜻 대답하기 힘드실 것입니다. 그 해답을 찾으러 성경 안으로 함께 들어가 보시겠습니다.

1. 해석학적 질문?

1.1 나라이? vs 나라에? vs 나라가?

얼마 전 교육부서 사역을 하시는 전도사님이 저에게 물었습니다. "목사님! '나라이'가 맞습니까, '나라가'가 맞습니까? 주일학교 교사들이 교사공부 시간에 저에게 묻던데 어떻게 대답을 해야죠?" 예전 개역성경에는 "나라이"고, 개역개정성경이나 찬송가 앞에 보면 "나라가"라고 되어 있습니다. 저희교회 교육부서는 일단 예수교장로회 합동총회의 권고로 예전 번역을 사용키로 하였습니다.

사실 '이'나 '가'가 신학적 문제가 아닙니다. 국어 문법상 주어 끝음절에 받침이 있으면 '이, 은' 받침이 없으면 '가, 는'을 붙입니다. 옛날에는 주어 다음에 무조건 'ㅣ', '이' 등을 붙였습니다. 그러니까 구한말 [홍길동뎐]에서나 보던 18세기 주격조사가 아직까지 잔존하고 있는 셈입니다.

어떤 분은 '이'가 어색하니까 '나라에'로 이해합니다. 한글 번역에서 '(당신의)라는 극존칭'이 어색하다고 빼버렸습니다. 그러니 '소유격'의 의미도 사라졌고, 거기가 '에'까지 붙이면, "아버지가 우리나라로 와 주세요." 오역(誤譯)을 할 수 있죠? 그러니까 현대 국어문법에 맞게 "나라가"로 하는 게 자연스러운 표현법입니다.

그럼 지금부터 이 부분을 헬라어로 살펴보면서 성경 안으로 한 걸음 더 들어가도록 합니다.

1.2 2인칭 단순과거 명령법: "임하옵소서, 오게 하소서, 하겠나이다."

ἐλθέτω	ἡ βασιλεία,	σου·.
오게 하옵소서	그 나라가	당신의

"임하시오며"에서 '오다'(ἔρχομαι)는 9절의 '거룩해지게 하소서'와 문법이 같습니다. 앞 장에서 '3인칭 단순과거 명령법'으로 쓰일 때는 '명령'의 의미가 아니라, 말하는 사람의 '기원, 청원'으로 해석한다고 설명 드린 바가 있습니다.

1.3 '나라이 임하시고'는 하늘 아버지의 나라가 지금 여기에 없기 때문에 오라고 하는 건가?

"임하다, 오게 해 주십시오."라는 표현 때문에 몇 가지 오해를 할 수 있는데요, 먼저,

① "하늘 아버지의 나라가 지금 여기에 없다. 그렇기 때문에 그 나라가 속히 오게 해 주세요."

② 아니면 이 땅에서 "지상낙원 유토피아를 이루는 것으로 오해할 수 있습니다. 이런 생각 때문에 어처구니없이 중세의 십자군 전쟁을 저질렀던 겁니다.

이런 오해를 현학적인 관념놀이로 풀기 보다는 성도들의 명약, 구약과 신약에서 찾아볼까요?

1.4 '하늘 나라' vs '하나님 나라'

자! 이제 만만치 않은 '나라'(ἡ βασιλεία)를 살펴볼까요? 창세기에서부터 요한계시록까지 하나님의 나라라는 광대한 주제가 관통을 하는데요, 우선 쉽게 접할 수 있는 공관복음을 보면 마태는 '하늘나라' 혹은 '천국(天國)'; 마가와 누가는 '하나님 나라' 혹은 '신국(神國)'이라는 표현을 주로 썼습니다. 왜 그랬을까요?

마태복음은 유대인들을 위해 썼습니다. 때문에 '하나님'이라는 표현을 직접 쓰면 불경스럽다고 생각해서 '하늘나라' '천국(天國)'으로 표현했습니다. 반면에 마가와 누가는 이방인들을 염두에 둔 성경이라 '하나님 나라', '신국(神國)'을 자연스럽게 씁니다.[29)]

"예수께서 제자들에게 이르시되 내가 진실로 너희에게 이르노니 부자는 천국에 들어가기가 어려우니라 다시 너희에게 말하노니 낙타가 바늘귀로 들어가는 것이 부자가 하나님의 나라에 들어가는 것보다 쉬우니라 하시니"(마태복음 19:23-24)

여기서 마태가 '천국'과 '하나님의 나라'를 교호적으로 쓰고 있죠? 그래서 다르게 표현했지만 같은 의미입니다.

2. 구약에서 하나님 나라를 어떻게 이해할 것인가?

구약 성경에나 유대 문헌에서 '하나님의 나라'라는 직접적인 표현이 거의 나오지 않습니다. 대신 역사 속에서 하나님은 이스라엘이라는 나라를 택하셔서 실물교육을 하셨습니다.

① 시내 산에서 이스라엘은 하나님께서 부르심 받았습니다. 그 증거로 무얼 받았죠? 하나님께로부터 율법을 받았습니다. 그 나라는 하나님의 말씀, 하나님의 뜻으로 다스려지는 나라죠.
② 다윗과 솔로몬 시대에 '다윗과 솔로몬의 왕국'이 아니라, 하나님께서 다스리시는 '하나님의 왕국'으로 간주되었습니다.
③ 시편과 선지서에 '이스라엘의 진짜 왕이 누군가? 하나님!' 그리고 장차 오실 그의 아들이 그 왕국의 계승자로 나타납니다.

이렇듯 구약에서 '하나님의 나라'는 인간 왕이 다스리는 왕국 혹은 물리적 경계를 가진 영역이 아닙니다. '하나님 나라', '천국'은 '하나님의 통치, 하나님의 주권'을 말합니다.[30] 이걸 제대로 깨닫지 못했던 이스라엘은 바벨론의 포로가 되어 난민이 되는 아픔을 겪습니다.

그래서 선지서의 메시지는 "보라 그 날이 오면"이라고 해서, 말세에 도래할 어떤 나라로서 "하나님께서 왕 되심이 가장 극적으로 드러나게 될 메시아 왕국"으로 미래적 성격으로 대망했습니다. 그렇다면 구약에서 그렇게 바라던 '메시아 왕국'은 신약에서 어떻게 성취될까요? 신약에 오면 급진적으로 변합니다.

3. 신약에서 하나님의 나라를 어떻게 이해할 것인가?

3.1 막 1:14-15, 하나님 나라의 현재성: 이미 왔다.

> "요한이 잡힌 후 예수께서 갈릴리에 오셔서 하나님의 복음을 전파하여 이르시되 때가 찼고 하나님의 나라가 가까이 왔으니 회개하고 복음을 믿으라 하시더라"(마가복음 1:14-15)

사실, 우리말로 '가까웠다'는 말이 미래인 것처럼 느껴지시죠? 하지만, '가까이 왔다'(엥기켄)은 현재 완료형으로 '이미 와서 머무르고 있는 상태'입니다. 그러니까 예수 그리스도께서 등장하는 시점부터 하나님의 나라가 이 땅에 이미 왔습니다.[31]

3.2 마 12:28, 하나님 나라의 현재성: 하나님의 영과 하나님의 나라

하나님 나라의 현재성을 말하는 곳을 더 보시죠!

> "그러나 내가 하나님의 성령을 힘입어 귀신을 쫓아내는 것이면 하나님의 나라가 이미 너희에게 임하였느니라. 만일 내가 하나님의 영으로(영 안에서) 귀신들을 쫓아낸다면, <하나님의 나라>는 너희 위에 임하였다(도달하였다)"(마태복음 12:28)

하나님의 나라가 이미 임했습니다. 예수님은 어떻게 이 나라를 다스리시죠? 예수께서 하나님의 성령을 힘입으셨고, 귀신을 쫓아내셨습니다. 아! 그러니까 예수님께서 축귀의 표적을 하신 것은 화려한 매직 쇼를 하시는 게 아니군요? 하나님 나라가 이미 왔다는 것을 정확하게 보여주는 사인(sign)입니다.

결국 '하나님의 나라'는 우리의 힘과 노력과 의지가 아니라 '하나님의 영'과 깊이 연관이 있습니다. 성령의 역사하심에 관련된 또 하나의 장면을 소개합니다.

3.3 눅 4:18-19, 하나님 나라의 현재성: 성령의 역사

요한이 옥에서 제자들을 보내어 "당신이 메시야입니까?" 라고 물었을 때, 예수님께서는 말씀하셨습니다.

> "주의 성령이 내게 임하셨으니 이는 가난한 자에게 복음을 전하게

> 하시려고 내게 기름을 부으시고 나를 보내사 포로 된 자에게 자유를, 눈 먼 자에게 다시 보게 함을 전파하며 눌린 자를 자유롭게 하고 주의 은혜의 해를 전파하게 하려 하심이라 하였더라"(누가복음 4:18-19)

예수님께서는 "구약에서 말했던 메시아가 맞다. 메시아 왕국의 현상이, 그분의 나라가 '성령 하나님의 능력으로 말미암아' 지금 일어나고 있다."는 메시지를 그걸 감옥에 있는 요한에게 전하라고 하십니다.

3.4 눅 17:20-21, 너희 안에 있다는 의미?

끝으로 신약에서 가장 화두가 되는 한 장면입니다. 바리새인들이 주님께 묻습니다.

> "바리새인들이 <하나님의 나라>가 어느 때에 임하나이까? 묻거늘 예수님께서 뭐라고 대답하셨습니까? 예수께서 대답하여 이르시되 하나님의 나라는 볼 수 있게 임하는 것이 아니요 또 여기 있다 저기 있다고도 못하리니 하나님의 나라는 너희 안에 있느니라"[32](누가복음 17:20~21)

"너희 안에 있다"는 표현은 "하나님 나라는 내 마음 안에 있다"고 생각할 수 있지만 이 표현은 너희 마음 안에(in your heart)가 아니라 너희들 중에, 너희들 가운데(among you)의 의미입니다.[33]

유대인들이 대화를 나눌 때 보통 말하는 자(speaker)가 중앙에 서고 나머지 사람들이 둥그렇게 원으로 둘러서서 듣거나 질문을 하는데요. 지금 중앙에는 예수 그리스도가 서 계시고 질문은 바리새인들이 하는 모습으로 "하나님의 나라는 너희 가운데 있다."라는 말씀중에 가운데는 예수님 자신입니다. 결국 하나님의 나라의 주인공, 주체는 예수 그리스도인 것입니다.

이제 더 이상 하나님의 나라는 군사적, 정치적 힘을 가진 나라가 아닙니다. 그분이 계시지 않는 나라는 아무리 사람이 많이 모이고 휘황찬란해도 하나님의 나라가 아니고 그분이 계신 곳만이 하나님의 나라입니다.

그러니 이 기도는 "우리 안에 있고 우리 중에도 있고, 우리 바깥에도 있는 그 나라가 더 환히 드러나게 해 주세요."라고 간구하는 기도입니다.[34)]

물론 이 나라는 주님 재림하는 그날에 비로소 완성됩니다. 때문에 여전히 사탄의 유혹과 시험이 있고 암도 걸리고 고통이 있는 이 땅에 '이미' 시작되었지만 '아직'이라는 '종말론적 긴장' 속에 살아갑니다.

여러분은 "하나님의 나라가 어디 있는지 보여줘!"라고 누가 묻는다면 어떻게 대답하시겠습니까? 우리 가운데 정말 하나님 나라의 실체이신 예수 그리스도께서 계십니까? 그렇다면 "저기 저 교회를 봐! 그곳에 가서 예배 드려봐! 거기가 하나님의 나라야! 저 장로님! 권사님! 집사님 가정을 봐!" 이런 고백을 받을 수 있는 주인공이 되기를 바랍니다.

4. 구약의 그림: 첫 번째 아담의 타락이 전제되어 있다.

하나님의 나라를 언급할 때 개혁교회는 분명한 전제가 있습니다. 하나님은 모든 만물을 창조하시고 아담을 에덴동산의 첫 CEO로, 첫 부왕으로 세웠습니다. 하지만 그는 뱀의 유혹으로 원죄를 짓고 맙니다.

성경에서 죄라고 말할 때에는 윤리적, 도덕적인 죄가 아닙니다. 죄란 하나님과 인간사이의 관계가 끊어진 것을 말합니다. 나무가 원 가지에서 끊어지면 당장 죽지 않습니다. 처음에는 살아 있는 것 같죠. 잎도 푸르고 물기도 있습니다. 그런데 며칠 지나면 잎사귀의 색깔이 점점 변하고 마릅니다. 결국 부스러져서 죽습니다. 이와 똑같은 이치로 볼 수 있습니다.

우리는 예외 없이 원죄의 DNA를 가지고 태어났습니다. 하나님과의 관계가 완전히 단절되었고, 끊어졌습니다. 첫째, 아담의 타락으로 에덴동산에서 쫓겨났고, 하나님 나라를 잃은 난민이 되었습니다. 이 상황에서 인간은 무엇을 가장 간절히 바라고 있을까요? 이 기도는 우리를 위해 주님이 왕의 자리에 앉으시고, 주님의 통치로 회복시켜 주심을 감사하는 기도입니다.

우리가 다니는 교회가 인간 목사나 영향력 있는 소수의 사람이 왕 되는 곳이 되면 절대로 안 됩니다. 하나님 나라의 실체이신 예수 그리스도만이 머리이자, 왕이시자, 주인이셔야 합니다. 그분의 다스림이 있어야 교회죠? 그래서 무엇을 하든지 두렵고 떨리는 마음으로 그분의 뜻에 합하도록 묻고 또 물어야 합니다.

여러분의 가정도 마찬가지입니다. 제가 심방을 가끔씩 해 보면, 돈 문제, 자녀문제, 부정한 배우자 문제, 고부간의 갈등 등으로 인해 지옥 같은 삶을 살고 계신 분들이 의외로 많은 것을 보게 됩니다. 그래서 겨우 입을 떼며 눈물을 흘리며 기도 부탁하는 분들을 만납니다. 여러분 삶의 중심에 주님만을 왕으로 모시는 나라로 회복되기를 바랍니다.

5. 신약적 그림

5.1 누가복음 15장 선한 아버지가 둘째 탕자를 맞이하는 비유

하나님 나라가 어떻게 도래하는지 신약의 그림을 몇 군데 살펴보겠습니다.

> "또 이르시되 어떤 사람에게 두 아들이 있는데 그 둘째가 아버지에게 말하되 아버지여 재산 중에서 내게 돌아올 분깃을 내게 주소서 하는지라 아버지가 그 살림을 각각 나눠 주었더니"(누가복음 15:11~18)

아버지가 눈 시퍼렇게 뜨고 살아계신 데도 둘째 아들이 유산을 요구했습니다. 이것은 유대 사회뿐만 아니라 오늘날에도 있을 수 없는 패륜적 행동입니다. 그런데 아버지는 허용합니다.

첫째 아담은 지어질 때부터 하나님 통치 아래에서 하나님의 창조의 질서 속에서 살도록 설계 되었습니다. 그런데 인간은 사단의 유혹에 넘어가 자존하려는 발버둥으로 하나님을 떠나갑니다. 여기 나오는 둘째 아들은 전형적인 첫째 아담의 실존이 어떠한지를 고발하는 상징입니다.

둘째 아들이 유산을 가지고 어디로 가나요?

> "그 후 며칠이 안 되어 둘째 아들이 재물을 다 모아 가지고 먼 나라에 가 거기서"(누가복음 15:13)

유대인들은 선민사상을 가지고 있었기에 웬만하면 이방으로 가지 않았습니다. 그런데 둘째 아들은 유대 지경을 벗어나 먼 나라로 갔습니다.

"거기서 허랑방탕하여 그 재산을 낭비하더니…" 여러분 이 모습이 정확하게 아담의 모습입니다. 아담이 하나님의 품을 떠나는 순간부터 그에게 결핍과 핍절과 낭비가 찾아 왔습니다. 둘째 아들은 아버지의 품을 떠날 때 손에 모든 것을 다 쥐었다고 생각했습니다. 그러나 아버지를 떠나는 순간부터 결핍된 존재였습니다.

그 다음을 볼까요? "다 없앤 후 그 나라에 크게 흉년이 들어 그가 비로소 궁핍한지라" 뭔가를 이루어보겠다고 떠났던 그 나라에서도 마지막에 궁핍이 찾아옵니다.

그리고 "가서 그 나라 백성 중 한 사람에게 붙여 사니 그가 그를 들로 보내어 돼지를 치게 하였는데" 유대인들이 제일 싫어하는 짐승, 돼지 치는 일을 생업으로 먹고 살도록 내몰립니다. 유대인들이 꺼려하는 동물인 돼지를 치며 죽음의 종살이를 했습니다.

더 충격적 장면이 16절입니다. "그가 돼지 먹는 쥐엄 열매로 배를 채우고자 하되 주는 자가 없는지라" 심지어 돼지가 먹는 쥐엄 열매로 허기를 채우려는 파탄을 만났습니다. 그런데 그것마저 주는 사람이 없었습니다. 그가 얼마나 비참한 파멸의 상태로 내몰렸는지 성경이 그려내고 있습니다. '범죄한 인간의 자본'은 철저히 한계가 있습니다.

> "이에 스스로 돌이켜 이르되 내 아버지에게는 양식이 풍족한 품꾼이 얼마나 많은가 나는 여기서 주려 죽는구나 내가 일어나 아버지께 가서 이르기를 아버지 내가 하늘과 아버지께 죄를 지었사오니 지금부터는 아버지의 아들이라 일컬음을 감당하지 못하겠나이다 나를 품꾼의 하나로 보소서 하리라 하고"(누가복음 15:17~19)

"이에 스스로 돌이켜" 회개했다는 말이 아닙니다. 헬라어 원어로 보면 거울 속에 비친 끔찍한 자기 몰골을 보면서 "나는 드디어 거울을 보게 되었다. 내가 이 모양 이 꼴이 되었구나."라고 깨닫게 되었다는 말입니다.

드디어 자기 모습이 어느 바닥까지 내려갔는지 스스로 보았습니다. 그는 아버지의 품을 떠날 때는 이런 처참한 결핍이 올 줄 꿈에도 생각하지 못했습니다.

이 둘째 아들은 두 손 불끈 쥐고 자기 몫을 챙겨서 무언가를 해 보려고 떠났던 사람입니다. 그런데 마지막 결론은 내가 어떤 존재인가 깨닫는 것으로 끝이 납니다. 'doing', 하려 했지만, 'being', 어떤 존재로 자각합니다.

인간은 바닥을 치지 않으면 절대 하나님께 귀로의 걸음을 걷지 않습니다. 바닥을 치고 있는 둘째에게 하나님 나라의 이야기가 어떻게 임하는지 봅시다. "이에 일어나서 아버지께로 돌아가니라. 아직도 거리가 먼데 아버지가 그를 보고 측은히 여겨 달려가 목을 안고 입을 맞추니" 놀랍게도 아버지가 먼 거리인데도 몰골이 형편없이 변한 아들을 한 눈에 알아봅니다.

여기서 가장 중요한 것은 아버지의 달음질입니다. 아버지가 뛰면서 달려와 그 아들을 "확 덮어 버립니다. 와락 안아 버립니다." 그리고는 나중에 "이 아들은 죽었다 다시 살아난 아들이라는 회복의 선언을 해 버립니다." 그는 다시 아버지의 집으로 돌아오는 순간 더 이상 종이 아니었습니다.

여러분! 왜 아버지는 뛰었을까요? 이 유명한 이야기가 어디서부터 출발되었는지 보면 금방 이해가 됩니다.

> "모든 세리와 죄인들이 말씀을 들으러 가까이 나아오니 바리새인과 서기관들이 수군거려 이르되 이 사람이 죄인을 영접하고 음식을 같이 먹는다 하더라"(누가복음 15:1~2)

예수님이 죄인을 한 가족으로 영접하고 식사를 하는데 이걸 불편하게 여겼던 바리새인과 서기관들에게 이 비유를 하셨습니다. 바리새인과 서기관은 율법에 정통한 사람입니다. 이들의 인식 세계 속에는 이 둘째 아들을 어떻게 이해했을까요?

> "사람에게 완악하고 패역한 아들이 있어 그의 아버지의 말이나 그 어머니의 말을 순종하지 아니하고 부모가 징계하여도 순종하지 아니하거든 그의 부모가 그를 끌고 성문에 이르러 그 성읍 장로들에게 나아가서 그 성읍 장로들에게 말하기를 우리의 이 자식은 완악하고 패역하여 우리말을 듣지 아니하고 방탕하며 술에 잠긴 자라 하면 그 성읍의 모든 사람들이 그를 돌로 쳐죽일지니 이같이 네가 너희 중에서 악을 제하라 그리하면 온 이스라엘이 듣고 두려워하리라"(신명기 21:18~21)

예수님께서 둘째 아들이 다시 집으로 들어왔다고 할 때 율법에 정통했던 바리새인과 서기관은 손에 무엇을 들었을까요? 그것은 돌멩이입니다. 그런데 돌멩이를 날리려는 순간 "그때 아버지는 뜁니다. 짱돌에 맞을까봐 그 아들을 아버지가 확 덮어 버립니다."

예수님의 입에서 "하나님의 나라가 우리에게 이렇게 임한다." 놀라운 반전의 스토리가 전개 됩니다.

> "아들이 이르되 아버지 내가 하늘과 아버지께 죄를 지었사오니 지금부터는 아버지의 아들이라 일컬음을 감당하지 못하겠나이다 하나"(누가복음 15:21~24)

여기 둘째 아들이 아버지의 품에 안겨 어떤 대접을 받았나요? "아버지는 종들에게 이르되 제일 좋은 옷을 내어다가 입히고 가락지를 끼우고 발에 신을 신기라 그리고 살진 송아지를 끌어다가 잡으라 우리가 먹고 즐기자" 하나님의 나라는 풍족합니다. 들판에 수많은 주린 영혼에게 먹여도 12바구니가 남았습니다. 손에 들린 잔도 그냥 잔이 아니었죠? "내 잔이 철철철 넘치나이다." "이 내 아들은 죽었다가 다시 살아났으며 내가 잃었다가 다시 얻었노라 하니 그들이 즐거워하더라" 아들로서의 지위를 회복시키십니다. 회복된 아담의 실존입니다.

하나님의 나라는 거창하거나 대단한 게 아닙니다. 여러분들은 지금껏 허랑방탕하게 사셨습니까? 이방 나라에서 거지몰골을 하고 건강, 물질, 관계 다 털어 먹었습니까? 그렇다면 이때가 오히려 스스로 돌이킬 수 있는 기회입니다.

나의 죄와 비참함을 깨닫고 "나라가 임하시고"의 기도를 통해 그분의 통치 밑으로 들어가십시오. 선하고 인자하신 하나님 아버지가 뛰어와서 나를 확 끌어안으시고 덮어 버리시고 아들의 지위를 회복시키시고 풍족한 은혜를 누리는 주인공 되시기를 바랍니다.

5.2 눅 19장 삭개오 집으로 유하시는 예수님

끝으로 민족의 고혈을 빨아먹는 죄인 삭개오를 소개하겠습니다. 그는 평생을 남의 것을 빼앗고 올라타는 인생이었습니다. 그래서 수치와 상처를 무릅쓰고 돌감람나무에 올라갑니다.

예수님과 섬광이 번뜩이듯 눈이 마주쳤을 때 예수님은 "내려오라."라고 말씀하셨습니다. 오늘 이 시간에도 우리에게 동일하게 초청하십니다. "최영인 목사 내려 와. 내려 와." 순종하여 내려 온 삭개오에게 예수님은 충격적인 선언을 하십니다. "오늘 내가 너의 집에 유하여야겠다."

하나님 나라의 주체가 그 가정에 방문한답니다. 하나님 나라가 임하는 겁니다. 하나님의 통치가 임하는 겁니다. 이후로 그의 삶은 완전히 180도로 바뀌어 버립니다.

여러분! 말씀의 거울로 정직하게 우리를 비춰 보십시오. 우리는 누구나 다 첫째 아담처럼 내가 왕이 되려던 존재였습니다. 에덴동산에서 쫓겨났죠? 둘째 아들 탕자처럼 아버지의 것을 내 것으로 착각하며 이방 나라로 갔습니다. 곧 파산을 했습니다. 세리장 삭개오처럼 남을 쓰러뜨리고 올라타는 게 승리라고 착각하며 살았습니다. 하나님 나라는 결코 그런 나라가 아닙니다. "하나님 나라는 너희 안에 있다. 오늘 내가 너의 집에 유하여야겠다."

여러분! 내가 스스로 돌이키며 내 모습을 정직하게 봤을 때 하나님을 찾을 수밖에 없습니다. 이때 선한 아버지께서 뛴 걸음으로 와락 끌어안아주심을 경험하셨습니까? 그리고 우리교회가 우리 가정이 이런 천국, 하나님 나라를 실제로 경험하는 곳이 맞습니까?

여러분 이 세상살이가 얼마나 힘드십니까? 직장에서 가정에서 학교에서 살아남아야 하잖아요? 여전히 내가 왕이 되어서, 내 힘으로, 내 자원으로 힘겹게 살고 있으신가요? 그러면 그분의 통치에 우리를 맡겨 버리십시오.

우리교회가 부흥하기를 원하십니까? 우리의 가정이 천국 되기를 원하십니까? 아주 간단합니다. '나라가 임하시옵소서' 우리 안에 예수 그리스도가 주인으로 임재하시는 진정한 하나님의 나라가 임하기를 바랍니다.

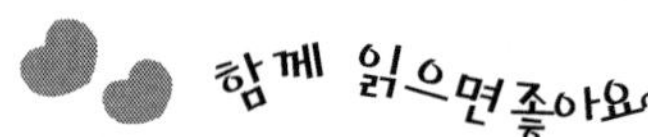

하나님 나라

헤르만 리델보스, 솔로몬, 2008.

하나님 나라

마틴 로이드 존스., 복있는사람, 2008.

4장 '당신'에 관한 두 번째 간구 요약

1. '당신'에 관한 두 번째 간구는, "당신의 나라가 오게 하소서, 당신의 나라가 임하게 하겠나이다."라는 의미를 가지고 있습니다.

2. 구약에서 하나님 나라는 시내 산에서 율법을 받은 사건, 다윗과 솔로몬의 시대를 통해 알 수 있듯이, 물리적 경계를 가진 나라가 아니라 하나님의 말씀에 따라 다스려지는 하나님의 왕국으로 이해하고 있습니다.

3. 신약에서 하나님 나라는 예수 그리스도께서 등장하시면서 이미 이 땅에 왔다고 합니다. 하나님의 나라는 우리의 힘과 노력과 의지가 아니라 하나님의 영(성령)과 깊은 연관이 있습니다. 우리 가운데 하나님 나라의 실체이신 예수 그리스도께서 계실 때 그곳이 하나님 나라입니다.

4. 구약의 그림 : 첫 번째 아담의 타락으로 모든 인류는 하나님 나라에서 배제되어 스스로의 왕국을 건설하고자 헛된 몸부림을 살아가고 있습니다.

5. 신약의 그림 : 탕자의 아버지가 아들을 맞이하는 모습, 죄인인 삭개오의 집에 들어가시는 예수님의 모습에서 하나님의 나라가 우리에게 어떻게 임하는지를 엿볼 수 있습니다.

4장 | '당신'에 관한 두 번째 간구 | 소그룹 질문

1. 일반적으로 나라(국가)는 어떻게 세워지고 무엇으로 유지되는지 각자의 생각을 나누어 봅시다.

2. 하나님 '나라'라고 하면 어떤 느낌이 떠오르나요? 각자의 생각을 나누어 봅시다.

3. 삶 속에서 하나님께 주권과 통치를 드리지 못하고 내가 주도하려 했던 순간들이 있다면 서로 나누고 함께 회개하며 기도하는 시간을 가져본다면 어떨까요?

5

하늘 뜻, 땅 뜻

'당신'에 관한 세 번째 간구

γενηθήτω τὸ θέλημά σου, ὡς ἐν οὐρανῷ καὶ ἐπὶ γῆς·

뜻이 하늘에서 이루어진 것 같이 땅에서도 이루어지이다

(마태복음 6:10)

이번 장에서는 다음 4가지 예를 먼저 보시겠습니다.

① 예전에 섬겼던 교회에 어느 날 젊은 청년들이 다짜고짜 들이닥쳤습니다. "저희들은 모 선교단체에서 하나님의 음성을 듣는 훈련을 하고 있습니다. 그런데 어떤 한 자매의 꿈에서 이 교회 게스트 룸에 머물며 전도를 하라는 뜻이 있었습니다."하면서 부탁을 했습니다. 저는 속으로 "저는 그런 음성을 못 들었는데?"라고 생각을 했습니다.

② 그리고 제가 어릴 때 일인데요. 목사님께서 설교 중에 "최집사님! 얼마 전 승진했다면서요? 교회 김치 냉장고 하나 필요하니. 집사님이 냉장고 하나 사서 교회에 헌납하세요. 하나님의 뜻이야!"라고 말씀하셨습니다. 그런데 그 집사님은 오기가 생겨서 목사님의 말씀을 듣지 않았습니다. 마침 그 주에 교통사고가 크게 났습니다. 목사님께서 설교 중에 "하나님 뜻을 전해줘도 말귀를 못 알아들어."하시는 겁니다.

③ 교회 장로님이 중소기업 사장입니다. 그리고 같은 교회 집사님은 그 회사 직원입니다. 경쟁력 제고를 위해 구조조정을 해야 하는데 어떻게 하는 게 하나님의 뜻인가요? 또는 기독교 국가 독일과 미국이 축구 경기를 합니다. 누가 이기는 게 하나님 뜻이죠?

④ 끝으로 신학교에서 있었던 일인데요? 다짜고짜 한 여자 전도사님이 다가오더니 "기도 중에 당신과 꼭 결혼을 하라는 하나님의

뜻을 받았습니다." 그 자매는 3년 내내 형제를 그렇게 쫓아다니시더라고요.

만약 이러한 경우를 당한다면 믿음으로 '아멘'하며 순종하실 수 있으신가요? 제 눈에는 마치 어릴 때 술래잡기를 할 때 손바닥에 침을 뱉어 톡 치면 침이 튀는 방향을 선택하는 것과 뭐가 다를까요? '귀에 걸면 귀걸이 코에 걸면 코걸이처럼' 갖다 붙이는 게 하나님의 뜻인가요? 우리는 아무렇게나 "하나님의 뜻은 이거다, 저거다." 딱 부러지게 정해서 말 할 수 있습니까? 없습니다. 왜죠?

나의 머리와 나의 마음을 한 번 유심히 살펴보세요. '욕심과 탐욕'이라는 괴물이 우리의 정신세계 속에 똬리 틀고 있잖아요. 우리는 고삐 풀린 욕망의 시대에 살고 있습니다. 그래서 우리는 하나님의 참 뜻을 우리 안에서 스스로 자각하고 제대로 깨달을 수 없습니다. 하나님의 뜻은 항상 성경 속에서 답을 찾아봐야 합니다.

1. 성경의 숲을 거닐며: 마태 vs 누가의 주기도문 비교

1.1 왜 마태복음에 세 번째 청원이 덧붙여졌는가?

하나님에 대한 청원 중 마지막 세 번째 청원입니다. "뜻이 하늘에서 이룬 것 같이 땅에서도 이루어지이다."는 마태에만 있고 누가에는 생략되었습니다.

οὕτως οὖν προσεύχεσθε ὑμεῖς· Πάτερ ἡμῶν ὁ ἐν τοῖ ς οὐρανοῖς· ἁγιασθήτω τὸ ὄνομά σου· 10 ἐλθέτω ἡ βασιλεία σου· γενηθήτω τὸ θέλημά σου, ὡς ἐν οὐρανῷ καὶ ἐπὶ γῆς·

마 6:9~10을 원래 성경이 쓰여진 언어 헬라어로 보면 마침표가 없습니다. 한 문장, 한 묶음입니다. 한글성경 번역으로 6:9~10을 같이 읽어 보실까요?

> "그러므로 너희는 이렇게 기도하라 하늘에 계신 우리 아버지여 이름이 거룩히 여김을 받으시오며, 나라가 임하시오며 뜻이 하늘에서 이루어진 것 같이 땅에서도 이루어지이다"(마태복음 6:9~10)

이 부분에서 가장 핵심적인 주제는 '나라가 임하시오며'가 중간에 있으니 이 문맥의 중심 주제(Central Meaning, Big Idea)입니다. 그래서 성경문맥으로 볼 때는 1(하나님의 나라에 관한 청원)+3(우리들의 청원)입니다. 그런 측면에서 마태가 '뜻이 하늘에서 이룬 것 같이 땅에서도 이루어지이다.'를 덧붙인 것은 세 번째 청원이 독립적이라기보다 하나님 나라 주제를 더 풍성하게 드러내는 계시라는 점을 알려줍니다.[35)]

그렇다면 하나님을 향한 3가지 청원과 우리를 향한 3가지 청원으로 나누게 된 이유는 하이델베르크 요리문답이나 웨스트민스터 대소

요리문답 등에서 본바와 같이 어린 신앙을 가진 사람들을 가르칠 때 쉽게 설명하기 위해 구분했습니다.

1.2 우리를 위한 청원도 독립된 게 아니라 주님의 나라에 종속되어 있다.

뒤에 나오는 '우리를 향한 간구'도 각각의 청원이 따로국밥처럼 노는 게 아닙니다. 여기서 일용할 양식은 '하나님의 나라가 임하는데 필요한 양식입니다.' 그리고 죄 용서를 구하는 이유는 '죄를 용서함 받고 용서해 주는 곳에 하나님의 나라가 임하기 때문입니다.' 시험에 들고 악에 빠지게 되면 하나님의 나라가 임하게 할 수 없기 때문에 시험과 악에서 보호해 주시기를 구하는 겁니다.

그래서 산상수훈의 결론은 "너희는 먼저 그의 나라와 그의 의를 구하라 그리하면 이 모든 것을 너희에게 더하시리라"(마태복음 6:33)입니다. 자 성경의 큰 숲을 봤으니 이제 나무를 찬찬히 살펴볼까요?

2. 마 6:10 개인적 번역

2.1 이루어지다

γενηθήτω	τὸ θέλημά ,σου.,	ὡς ἐν οὐρανῷ καὶ ἐπὶ γῆς·[36)
이루어집니다.	당신의 뜻이,	하늘 안에서 그리고 땅 위에서

헬라어 순서 그대로 투박하게 직역을 해보면 이렇습니다. 예전 개역성경은 '이룬 것 같이'로 능동으로, 지금 성경은 '이루어진 것 같이'로 수동으로 번역했습니다. 그 뜻은 능동으로 하나 수동으로 하나 큰 차이는 없어요. 하지만 헬라어 '이루어집니다'가 'genhqh,tw'가 수동형이기 때문에 '이루어진 것 같이'라고 번역하는 게 더 정확합니다.

2.2 뜻

그리고 '뜻'(τὸ θέλημα)은 '결정', '선택' 혹은 '경향', '열망', '기쁨', '의지'라는 의미입니다. 하나님의 뜻이란 하나님의 생각과 마음이요. 하나님의 인격의 표현입니다. 여기서도 앞선 두 개의 청원과 같이 '당신'(σου)이란 인칭대명사가 우리말 번역에는 생략되었습니다. 성경에 '뜻' 앞에다 '당신의'라고 써 놓으시면 실력 있는 성도가 되겠지요.

2.3 하늘(단수)과 땅

앞서 '하늘에 계신 우리 아버지여'에서 '하늘'은 복수형 '우라노이스'였습니다. 그런데 이 부분, "뜻이 하늘에서"의 '하늘'은 단수인 '우라노스'입니다. 복수로 쓰일 때는 인간과는 질적으로 다른 하나님의 속성을 나타내는 말이었습니다. 단수로 쓰일 때 하늘은 땅과 대칭되는 변증법적 개념입니다. 쉽게 말하면 기도를 드리는 자는 위를 지향하면서 살겠다.[37)]

"그러므로 너희가 그리스도와 함께 다시 살리심을 받았으면 위의 것을 찾으라 거기는 그리스도께서 하나님 우편에 앉아 계시느니라 위의 것을 생각하고 땅의 것을 생각하지 말라"(골로새서 3:1~2)

'하늘'은 하나님의 영역' 즉 '하나님의 통치권이 100% 실현된 상태입니다.[38] "하늘 뜻이 땅 뜻과 같으려면" 어디를 봐야 할까요? 반드시 위를 보아야 합니다. 하나님께서 아담이 범죄하고 난 이후에 "너는 흙이니 흙으로 돌아가라"고 말씀하셨습니다. 천지창조 이래, 아무리 잘난 사람 '세종대왕, 이순신'이라도 다 흙이 되었습니다.

오늘 우리가 밟고 다닌 길이 이미 수천 년 전에 이 땅을 살다 죽은 자의 시신일지도 모르죠? 우리의 집터가 수천 년 전에 공동묘지였을지도 모릅니다. 우리 역시 길바닥의 흙이 되어 누군가의 발아래 밟힐 존재입니다. 그러니 이 땅은 누리고 깔고 앉는 곳이 아니라 인간의 육체를 묻는 곳입니다.

새 것도 새 생명도 진리도 절대로 밑에서부터 오지 않습니다. 위에서부터 옵니다. 그래서 사도 바울은 생명, 구원, 거듭남 이런 표현을 할 때 항상 "위로부터"라는 단어를 의도적으로 썼습니다.

우리는 영적인 눈을 들어 항상 하늘을 향할 수 있기를 바랍니다. 그럼 여기까지는 정리하는 것은 별 문제가 없어요. 진짜 문제는 "과연 하나님의 뜻이 무엇인가?"하는 질문입니다.

3. 과연 하나님의 뜻이란 무엇일까? 하나님 뜻에 대한 여러 구분들

3.1 나타난 뜻 vs 숨겨진 뜻, 하나님이 미리 정해 놓으신 뜻 vs 하나님이 바라시는 뜻[39)]

먼저 하나님의 뜻에 대한 오해를 풀기 위해 몇 가지 구분을 해야 합니다.

① 계시된 하나님의 뜻(나타난 뜻) - 말씀을 통한 계시, 성령 하나님의 영감으로 쓰여진 성경 말씀을 그리스도인이 성령의 조명을 받아 열심히 연구하면 알 수 있습니다. 정확무오한 하나님의 말씀에서 정확한 하나님의 뜻을 발견합니다.

② 계시되지 않은 하나님의 뜻(숨겨진 뜻, 섭리) - 하나님께서 우리에게 감추신 뜻,

예) 창세전에 그리스도 안에서 성도들을 예정하신 것, 어떤 배우자와 결혼을 할까? 어떤 사업을 할까? 어떤 학교를 진학할까? 이런 것들은 사건 속에 있을 때에는 모르다가 시간이 지난 후에 뒤를 돌아보면서 역망적(逆望的)으로 깨닫게 됩니다.

(*역망적으로: 앞을 내다보는 것이 아니라 뒤를 돌아보는 전망)

예) 요셉이 왜 형제들로 미움을 받고, 구덩이에 떨어지고, 노예로 팔리고, 성추행범으로 감옥에 갇혔는지 몰라요. 하지만 마지막에 이렇게 고백하죠.

"그런즉 나를 이리로 보낸 이는 당신들이 아니요 하나님이시라 하나님이 나를 바로에게 아버지로 삼으시고 그 온 집의 주로 삼으시며 애굽 온땅의 통치자로 삼으셨나이다"(창세기 45:8)

그래서 창세기 말미의 요셉의 고백은 용서의 이야기가 아니라 진정 하나님의 뜻이 무엇인가? 하나님의 섭리가 무엇인가? 의 이야기입니다. 이렇듯 '숨겨진 뜻'은 전적으로 하나님 섭리의 손길로 이루어 가십니다. 반면 '나타난 뜻'은 십계명, 주기도문, 그 밖의 하나님의 명령은 그의 백성의 자발적인 순종을 통해 이루십니다.

3.2 수직적 차원 vs 수평적 차원

두 번째는 계시된 하나님의 뜻 안에서 세부적으로 나눌 수 있습니다. 하나님과의 관계에서 수직적 차원으로 사람들과의 관계에서 수평적 차원으로 나눌 수 있습니다.

① 수직적 차원

"항상 기뻐하라 쉬지 말고 기도하라 범사에 감사하라 이것이 그리스도 예수 안에서 너희를 향하신 하나님의 뜻이니라"(데살로니가전서 5:16~18)

② 수평적 차원

"하나님의 뜻은 이것이니 너희의 거룩함이라 곧 음란을 버리고 각각 거룩함과 존귀함으로 자기의 아내 대할 줄을 알고 하나님을 모르는 이방인과 같이 색욕을 따르지 말고 이 일에 분수를 넘어서 형제를 해하지 말라 이는 우리가 너희에게 미리 말하고 증언한 것과 같이 이 모든 일에 주께서 신원하여 주심이라"(데살로니가전서 4:3~6)

개혁교회에서 '하나님의 뜻을 안다'는 것은 '하나님의 감추어진 뜻'을 찾는 게 아닙니다. 철저하게 '분명하게 나타난 뜻' '계시의 말씀'을 찾는 겁니다.

예) 내가 40일 금식기도를 해서 직통계시를 받았다. 기도원 원장에게 가서 안수를 받고 예언 기도를 받는다. 점집에 가서 물어보면 된다. 나는 마음을 공부해서 명상을 통해서 하나님의 뜻을 알거야.

이런 심각한 탈선을 해서는 안 됩니다. 그러기에 우리는 하나님의 나타내신 뜻을 알기 위해서 성경을 묵상하고 공부하는 겁니다. 그래서 교회나 목사나 장로나 어떤 직분이 성경보다 더 우위에 절대로 있으면 안 됩니다. 자! 이제부터 성경 전체에서 하나님의 뜻을 어떻게 나타내셨는지 찾아보도록 하겠습니다.

4. 성경에 나타난 아버지의 뜻이란?

4.1 창조사역

최초로 하나님의 선하신 뜻이 반영된 사건이 창세기 1장 창조사역입니다. "빛이 있으라 하시니" 하나님은 자신의 뜻대로, 의도한 대로, 작정한 대로, 계획한 대로 창조하셨습니다. 창조된 세상을 보시고 마지막에 하신 감탄사가 "하나님이 보시기에 좋았더라." 요즘 아이들 말로 "킹, 왕, 짱" 매우 흡족하셨습니다.

이로써 하나님의 뜻은 하늘에서 완전히 나타났고, 에덴동산은 하나님의 뜻을 완전하게 구현한 땅이었습니다. 그 중에 창조사역의 절정(climax)은 바로 인간이었습니다. 만물을 다스리고 운영하는 에덴동산 초대 CEO로 누가 임명 받았습니까? 바로 아담과 하와였습니다.

그러나 그들은 하나님의 뜻을 저버렸습니다. 하나님이 금하신 선악을 알게 하는 나무의 실과를 따 먹으므로 언약을 파기했죠. 인간이 제 멋대로 사는 무시한 길을 택합니다.[40] 그러므로 하나님의 뜻은 무참히 짓밟히는 것 같았습니다. 그러나 하나님의 뜻이 완전히 좌절되고 꺽이신 것은 아니고 스스로 계신 하나님은 이 세계를 창조하신 뜻대로, 인간을 지은 본래의 목적과 의도대로 다시 회복시키는 뜻을 관철시키십니다.[41]

그런 하나님의 뜻을 이루는 주인공, 하나님의 뜻을 가장 잘 아시는 분이 누구일까요? 네! 예수님! 그래서 주님이 제자들에게 가르쳐주신 기도에 "내 뜻"이 아니라 "당신의 뜻"이라는 표현을 사용하셨습니다.[42]

'당신의 뜻=아버지의 뜻=하나님의 뜻'에 공감하시고 동의하시고 너무나도 잘 아셨던 그분이 "하나님의 뜻이 하늘에서 이루어진 것처럼 땅에서도 이루어지게 해 주옵소서"라는 기도를 저자 직강으로 가르치셨습니다. 이게 말뿐만 아니라 겟세마네 기도처에서 제자들에게 몸소 보이셨습니다.

4.2 예수 그리스도로 말미암은 구속과 성화

> "이르시되 아빠 아버지여 아버지께는 모든 것이 가능하오니 이 잔을 내게서 옮기시옵소서 그러나 나의 원대로 마옵시고 아버지의 원대로 하옵소서 하시고"(마가복음 14:36)

우리 주님께서는 하나님의 뜻이었던 십자가를 지시기 전 마지막 순간까지 괴로워하셨습니다. 그것이 진정한 아버지의 뜻이 아니라면 피하고 싶었습니다. 이 시점에 "나의 원대로 마옵시고 아버지의 원대로 하옵소서" 이 기도는 무얼 의미할까요? 아버지의 뜻을 이루는 핵심, 즉 당신이 십자가 죽으심을 바라본 기도였습니다. 그러니 십자가는 우리의 뜻과 하나님의 뜻이 궁극적이고 결정적으로 충돌한 곳입니다.[43)]

'뜻이 하늘에서 이루어진 것처럼 땅에서도 이루어지게 해 달라.' 주기도문의 한 토막을 가지고 그대로 기도하셨습니다. 예수 그리스도의 십자가의 죽음은 온 인류 모든 죄의 거죽을 짊어지고 대신 죽으시고, 새롭게 재창조하시겠다는 아버지의 뜻의 최고 분수령입니다. 예수 그리스도의 생애 전체는 두루마리에 기록된 아버지의 뜻을 이루는 삶이었습니다.

훗날 주님의 십자가 사역을 과거의 사건으로 바라 봤던 히브리서 기자의 고백을 들어 볼까요?

> "그 후에 말씀하시기를 보시옵소서 내가 하나님의 뜻을 행하러 왔나이다 하셨으니 그 첫째 것을 폐하심은 둘째 것을 세우려 하심이라 이 뜻을 따라 예수 그리스도의 몸을 단번에 드리심으로 말미암아 우리가 거룩함을 얻었노라"(히브리서 10:9~10)

하나님의 뜻을 따라 예수 그리스도의 몸을 단번에 드리심으로 우리는 거룩함을 얻었습니다. 할렐루야! 예수 그리스도가 하나님의 가장 중요한 뜻을 이루어 드리므로 말미암아 우리가 거룩하게 되었고 성화의 삶을 살도록 요청 받았습니다.

하나님의 아들 된 성도 여러분! 하나님 아버지의 뜻을 이루어 드리는 효자로서 성화의 삶을 살 수 있기를 바랍니다.

4.3 희년의 도래와 복음 전파

우리 주님께서 활동하시던 시기는 잃어버린 자로 여겨지던 많은 사람들이 있었습니다. 생활적인 이유로 인해 안식일이나 절기를 지키지 못하는 사람들, 도적질이나 강도질로 형을 산 사람들, 로마의 관리로 멸시 당했던 세리들, 로마 병사들의 성적 대상이 되었던 창기들과 같은 사람들은 "죄인들"이라 불렸습니다.

이 사람들을 모두 다 부릅니다. 그리고 마지막 날에 다시 살리셔서 하나님 나라 안으로 들이시는 일이 하나님의 뜻이었습니다.

> "이와 같이 이 작은 자 중의 하나라도 잃는 것은 하늘에 계신 너희 아버지의 뜻이 아니니라"(마태복음 18:14)
> "나를 보내신 이의 뜻을 행하려 함이니라 나를 보내신 이의 뜻은 내게 주신 자 중에 내가 하나도 잃어버리지 아니하고 마지막 날에 다시 살리는 이것이니라"(요한복음 6:39)

이 땅에 희년이 도래하는 게 우리 주님께서 오셔서 이루시고자 하신 하나님의 뜻이었습니다. 그러므로 우리가 전도, 선교를 하는 이유는 예배당의 빈 공간을 채우기 위함이 아니라 하나님의 뜻을 이루기 위함인 것입니다. 그런 면에서 수요일, 목요일, 토요일 추위나 더위에도 불구하고 나가서 전도하는 분들은 하나님의 뜻을 이루어 드리는 선봉장이십니다.

저는 하루에 평균 10통 정도 오는 보이스 피싱, 대출, 보험 등의 전화에도 짜증내면서 절대로 먼저 끊지 않고 예수 믿으시냐고 복음을 전합니다.

5. 생각할 점

5.1 하나님의 뜻을 이루는 교회인가?

여러분! 이제 폭풍처럼 다가오는 질문을 피할 수 없을 겁니다. "우리는 진실로 내 뜻이 아니라 하나님의 뜻이 이루어질 수 있도록 기도하고 있습니까?" 주님의 몸 된 교회가 이런 명확한 하나님의 뜻을 청종하는 것을 게을리 하거나 양보할 때, 그리고 하나님의 뜻에서 조금만 빗나가면 교회가 어떻게 될까요?

"바른 복음을 선포하는 교회", "잃어버린 죄인을 구원하는 전도회" "그리스도의 십자가 죽으심을 통해 드러난 구속을 보여주는 구역"이 되기를 기도하세요? 우리가 말로는 늘 "하나님 나라를 위해서, 하나님의 뜻대로 살길 원합니다."라고 해요. 하지만 자신의 뜻을 버리고 하나님의 뜻을 온전히 구현하지 않는다면 필연적으로 인간의 욕망에 휘말릴 수밖에 없습니다. 세속적인 급물살에 휩쓸리게 되죠. 그건 역사 속에서 얼마든지 확인할 수 있습니다.

교회가 복음의 본질, 하나님의 뜻 보다 "세상과 똑같은 부와 권력을 가지는 것, 큰 건물을 가지는 것, 허세를 부리며 겉으로 드러나는 것"이 하나님의 뜻이라고 여겼습니다. 그래서 한 영혼 한 영혼에 집중하기 보다는 탐욕스러운 인간의 뜻이 오히려 주님의 뜻이 이루어지지 못하게 한 거친돌은 아닐까요?[44)]

5.2 하나님의 뜻을 어떻게 분별할 수 있을까? 하이델베르크문답과 로마서에서

우리가 지금껏 살펴본 내용을 우리의 신앙 선배들은 하이델베르크 교리문답에 이렇게 해설합니다.

하이델베르크 요리문답 제49주일124문

문	세 번째 청원은 무엇입니까?
답	"당신의 뜻이 하늘에서와 같이, 땅에서도 이루어지게 하소서"란 것입니다. 곧 이 청원은 ① "우리와 모든 사람들이 자신의 뜻을 부정하고, 어떤 불평도 없이 하나님의 뜻을 순종하게 해 주소서. 왜냐하면 당신의 뜻만이 선하기 때문입니다."[1] ② "모든 사람들이 자신의 직분과 소명을 하늘의 천사들처럼 자발적이며 신실하게 감당할 수 있게 해 주소서"라고 구하는 것입니다.

제124문답은 기도에 대해 설명하면서 “기도가 우리 뜻을 관철시키는 것이 아니라 반대로 우리 뜻을 포기하고 [아버지의 뜻]을 구하는 것”임을 분명히 말합니다. 그래서 사도바울도 로마서 12장 2절에 이렇게 권면하고 있습니다. “너희는 1) 이 세대를 본받지 말라 2) 마음을 새롭게 하여 변화를 받으라 3) 그리하여, 하나님의 선하시고 기뻐하시고 온전하신 뜻이 무엇인지 분별하도록 하라” 권면합니다.

“저는 하늘 아버지의 뜻이 제일 중요합니다. 그 뜻이 제 삶 속에 이루어지는 것이 가장 큰 행복입니다. 어떤 길이라도 걷겠습니다. 어떤 일이라도 하겠습니다. 어떤 대가라도 치르겠습니다. 오늘 아버지를 의지하고 아버지께서 인도하시는 대로 가겠습니다. 저를 죽이시든 살리시든, 아버지 마음대로 하십시오. 오직 아버지의 뜻만 이루시옵소서."의 고백이 매일 필요합니다.

찬송가 중에 신학생들이 제일 싫어하는 찬송이 있는데 그것은 323장입니다. 1절에서는 "부름 받아 나선 이 몸 어디든지 가오리다." 목에 핏대를 세워 부르지만 2절 "아골 골짝 빈들에도 복음 들고 가오리다." 이 부분에서는 너나 할 것 없이 목소리가 작아집니다.

하나님 나라가 임하기를 기도하면서 정작 자신의 삶에서는 자신의 뜻을 고집하는 사람은 앞뒤가 맞지 않는 기도를 하는 것입니다.[45]

5.3 하나님의 뜻을 이룬 예수님 그리고 하나님이 뜻을 이뤄야 할 주인공, 나

여러분! "하늘에서 하나님의 뜻이 이루진 것처럼 땅에서도 이루어지게 하라."라고 하셨는데 여기서 해야하는 책임자는 저와 여러분 자신 아닙니까?

"너는 과연 하나님의 뜻을 제대로 분별하고 살아가는 주인공이 맞는가? 나의 뜻을 버리고 하나님의 뜻에 잇대어 사는 도구가 맞느냐?" 물으신다면 어떻게 대답하시렵니까?

"하늘 아버지, 아버지의 뜻을 이 땅에 이루실 때 저를 쓰시옵소서. 제 모두를 아버지의 손에 내어 드립니다."[46] 우리 마음이 제발 점점 더 하나님과 하나님의 뜻 자체를 기뻐하게 되어서, 결국에는 하나님께서 원하시는 일을 기꺼이, 그리고 기쁜 마음으로 할 수 있는 존재가 되길 원해요!![47] 자신 있게 말할 수 있으세요?

하나님이 우리의 마음 문을 두드리실 때, 하늘을 향해 끈질기고도 오만한 태도로 빗장을 걸어 잠그고 있지 않은가요? 우리에게 근본 불행을 안겨다 준 것은 바로 우리 자신의 뜻이 아닙니까?[48]

5.4 나타나신 하나님의 뜻을 정확히 알아도 우리 힘으로 할 수 있는가?

자신이 어떤 학교를 가서 어떤 전공을 해야 하는지, 거주지, 배우자 등을 선택하는 문제에 있어서 어떻게 하시는지 참으로 궁금합니다. 명문대를 가고, 사업에 성공을 하고, 좋은 배우자와 결혼하는 것만이 하나님의 뜻이 아닙니다.

오히려 내 뜻을 포장해서 하나님의 뜻 인양 거짓 기도의 응답일 수 있습니다. 수능시험을 잘 못봐서 재수, 삼수를 하게 하시고, 고난과 질병 가운데 있을 수 있고, 오랜 시간동안 응답을 못 받을 수 있습니다.

또한 우리가 '하나님의 뜻'을 안다고 해도 '내 뜻'과 충돌될 때 참으로 내 뜻을 꺽기 힘듭니다. 심지어 교회 안에서 갈등이 일어나는 이유도 누구나 다 하나님의 뜻이라고 여기며 확신하기 때문이죠? 우리 스스로의 힘으로는 결코 하나님 아버지의 뜻을 이뤄 드릴 수 없습니다.

그래서 연약한 우리들을 위해 은혜의 방편으로 "말씀, 성례, 기도"를 주셨습니다. 내 뜻을 꺽고 교정하고, 나를 버리고 하나님의 뜻을 순전히 받아들일 수 있도록 간구할 때 하나님의 뜻을 이루며 사는 주인공이 됩니다.

1704년에 복음 전하는 일이 최우선으로 삼으시던 슈몰크(B. Schmolck)목사님은 그 날도 부인과 함께 열심히 심방을 다녀오는 길에 자신의 사택에 검은 연기가 솟아오르며 화재가 난 것을 발견하고 급하게 달려와서 잿더미를 헤치며 어린 두 아들을 찾았으나 이미 그들은 검게 타 죽어있었습니다. 그는 며칠 동안 침식을 폐하고 괴로워하면서 주님께 회개 기도하며, 원망 기도도 하였습니다.

그런데 그에게 겟세마네 동산에서 기도하시던 주님의 모습이 보이고, 주님의 기도가 내 기도되게 해달라고 간구하면서 "나의 원대로 마옵시고 아버지의 원대로 하옵소서 하시고"(마가복음 14:36) 기도하니 마음이 편해졌습니다. 그때에 작사한 찬송이 549장입니다.

1. 내 주여 뜻대로 행하시옵소서 온 몸과 영혼을 다 주께 드리니
   이 세상 고락간 주 인도 하시고 날 주관 하셔서 뜻대로 하소서
2. 내 주여 뜻대로 행하시옵소서 큰 근심 중에도 낙심케 마소서
   주님도 때로는 울기도 하셨네 날 주관 하셔서 뜻대로 하소서
3. 내 주여 뜻대로 행하시옵소서 내 모든 일들을 다 주께 맡기고
   저 천성 향하여 고요히 가리니 살든지 죽든지 뜻대로 하소서
   아멘

예수께서 자기를 온전히 내어 주심으로 아버지의 뜻을 이루는 도

구가 되셨듯이, 우리도 아버지를 위해 그 뜻을 이루는 성취의 도구가 되도록 내어 드리는 결단을 하십시오. 그래서 진정한 하늘 뜻과 땅 뜻이 하나가 되는 그런 실력 있는 기도의 낭만을 누리시기를 주의 이름으로 축복합니다.

함께 읽으면좋아요~!

신앙감정론

조나단 에드워즈, 부흥과개혁사, 2005.

영적사고방식

존 오웬, 청교도신앙사, 2007.

5장 '당신'에 관한 세 번째 간구 요약

1. 하나님의 뜻이 이루어지기를 간구하는 세 번째 청원은 독립적이기보다 '하나님의 나라' 주제를 더욱 풍성하게 드러내기 위한 것입니다.

2. 여기서 사용된 '하늘'은 2강에서 '하늘에 계신 우리 아버지여'에서 사용된 '하늘(들)'과 달리 단수로 사용되었습니다. 이는 가장 높은 하늘, 하나님의 통치권이 100% 실현된 상태를 의미합니다.

3. 하나님의 뜻에는 '나타난 뜻'과 '숨겨진 뜻'이 있습니다. 나타난 뜻은 성령 하나님의 영감으로 쓰여진 성경 말씀을 통해 계시된 것이며, 숨겨진 뜻은 우리가 살아가는 모든 순간 어떻게 행하며 어떤 길을 걸어갈지에 대한 것입니다. 숨겨진 뜻은 우리에게 감추어두신 채 전적으로 하나님 섭리의 손길로 이루어 가십니다.

4. 하나님 뜻의 수직적 차원은 데살로니가전서 5:16-18에, 수평적 차원은 데살로니가전서 4:3-6에 잘 드러나 있습니다.

5. 성경에 나타난 하나님의 뜻의 몇 가지 예시를 살펴보면, 창세기 1-2장의 창조사역, 예수 그리스도로 말미암은 구속과 성화, 희년의 도래와 복음전파가 있습니다.

6. 하이델베르크 제124문답은 기도가 우리 뜻을 관철시키는 것이 아니라 반대로 우리 뜻을 포기하고 아버지의 뜻을 구하는 것임을 밝히고 있습니다.

5장 '당신'에 관한 세 번째 간구 | 소그룹 질문

1. 삶 속에서 "이것이 하나님의 뜻이야!"라는 확신이 들었던 적이 있습니까? 있었다면 어떤 일이었는지 나누어 볼까요? 또 어떻게 그렇게 확신할 수 있었는지도 얘기해 봅시다.
2. '하나님의 뜻'은 과연 무엇일까요? 각자가 생각하는 의미를 서로 나누고 토론해 봅시다.
3. 삶 속에서 내 욕심이나 소원을 '하나님의 뜻'이라고 명분을 붙이고 포장해서 말했던 경험이 있습니까? 서로의 경험을 나누고 함께 회개하며 기도하는 시간을 가지면 좋겠습니다.
4. 내 뜻과 하나님의 뜻이 서로 충돌했던 문제를 경험한 적이 있나요? 각자의 경험과 함께, 이를 극복했다면 어떻게 극복했는지, 그리고 어떻게 극복하면 좋을지 서로의 유익한 생각들을 공유해 봅시다.

6

이기심의 척추를 부러뜨리고

'우리'에 관한 첫 번째 간구

τὸν ἄρτον ἡμῶν τὸν ἐπιούσιον δὸς ἡμῖν σήμερον·

오늘 우리에게 일용할 양식을 주시옵고

(마태복음 6:11)

"주님께서 제자들에게 가르쳐주신 기도"는 팽팽한 활과 같습니다. '하나님 나라'라는 활시위 안에 다 담겨 있습니다. '우리에 관한 첫 번째 화살'을 하나 들었는데 깜짝 놀랐습니다.

그래도 장엄한 '주기도'의 첫 청원인데, '죄, 시험, 용서, 영원한 피안의 세계' 이런 거창한 게 먼저 나와야하지 않겠습니까?[49] 마치 어린 아이가 떼쓰듯 "오늘 우리에게 일용할 양식을 주세요." 고작 밥 먹는 이야기라니, 왜 주님은 이 기도문을 주셨을까요?

지금 21세기의 상황에서 우리 시대와 간격 잇기를 통해 말씀 안으로 산책해 보겠습니다. 배가 고플 때 방송을 보면 침샘이 테러를 당합니다. 어쩔 땐 그냥 TV속으로 뚫고 들어가서 함께 먹고 싶을 때도 있습니다.

여러분! 요즘에 굶는 사람이 얼마나 됩니까? 생존의 위기를 느끼며 라면이나 빵 먹는 사람은 없으실것입니다. 차라리 건강을 최우선의 가치로 여기는 시대에 "우리에게 맛있고, 열량 낮고, 건강을 보장하는 양식을 주소서." 하는 기도가 어울리지 않을까요?

그러나 1세기적 상황에서 볼 때는 그렇지 않습니다. "목사님! 그러지 마세요. 목구멍이 포도청입니다. 하나님! 오늘 얼마의 돈이 필요합니다. 그래야 우리 식구 굶지 않죠. 하나님! 번듯한 직장을 주세요. 그래야 주일 헌금도 하고 주의 일을 하죠. 하나님! 아이들 학원을 보내려면 이 정도의 수입 주셔야 합니다. 하나님! 오늘도 장사 잘 되게 해 주세요. 그래야 종업원 월급을 제대로 주죠. 악덕 사장이 되는 게 좋겠어요?" 이게 우리 기도의 현실입니다.

여러분! 북한에 있는 지하교회, 중국의 가정교회, 지금도 기아로 죽어가는 세계 곳곳에서 이 기도를 한다면 어떤 의미일까요? 그리고 하루 정도의 끼니를 걱정하지 않아도 되는 우리가 왜 이 기도를 계속 올려야 할까요? 나에게 필요한 물질을 구한다면 무조건 세속주의자, 물질주의자입니까? 아니면 우리 모두는 최소한만 취하는 금욕주의자가 되어야 합니까?

성경은 절대로 청빈으로 살아야 하느냐 혹은 청부로 살아야 하느냐 믿음의 삶을 이분법적으로 나누지 않습니다. 지금부터 이런저런 선입견의 안경을 벗고, 피상적인 이해의 껍질을 좀 벗겨서 생명의 원초적 깊이로 들어가기 위해[50)] 마태복음의 숲을 함께 걸어 보실까요?

1. 성경의 숲을 걸으며

1.1 마태복음 전체 문맥에서의 위치

일단 거시적인 안목에서 보면, 마태복음은 예수님의 생애와 가르침을 기록했습니다. 그리고 좀 좁혀서 마태복음 5~7장은 예수님 자신 앞에 모여든 무리들을 향해 산상에서 행하신 한편의 설교입니다. 여기에 1차 독자는 예수님께서 '저희'로 지칭했던 서기관과 바리새인으로 대표되는 당대의 신앙인들이었습니다. 그리고 2차적 독자는 '너희'로 지칭되어진 제자들입니다.

1.2 6장 주기도문 앞부분에 나타나는 문맥의 기조

이어서 주기도문을 감싸고 있는 6장 서두에 '저희들', '서기관과 바리새인들'이 잘못하고 있는 두 가지 기도가 무엇입니까? 첫째, '외식하는 기도', 둘째, '중언부언하는 기도'입니다.

① 먼저 외식하는 기도는 기도하는 대상을 잘못 짚었습니다. 처음부터 하나님은 안중에도 없고 '사람'에게 보이려고 하는 기도입니다. 기도하는 자가 기도를 들어주시는, 기도의 대상인 하나님을 의식하지 않고 사람만 의식합니다.

② 둘째, 중언부언하는 기도란 기도하는 대상은 하나님으로 바로 정했지만 그 기도의 대상이신 하나님이 이방인들의 신들과 같다고 생각했습니다. 그래서 하나님을 모르는 이방인들처럼 '중얼중얼 반복하는 기도'를 했습니다.

예수님께선 그 당시에 서기관과 바리새인들이 기도자와 그 기도하는 대상을 잘못 안 것을 정확하게 지적하셨습니다. 그들의 잘못된 기도를 고치시고자 '제자들'에게 주기도문을 제시합니다.

1.3 6장 주기도문 뒷부분에 나타나는 문맥의 기조

이제는 주기도문 뒤에 나타나는 문맥의 기조를 살펴볼까요? 예수님께서는 제자들에게 "이렇게 기도하라"고 가르치신 후에 19절부터 어떤 내용을 가르치시나요? "재물에 대한 가르침"이죠. 오늘 우리가 읽은 '일용할 양식을 주시옵고'라는 기도문을 염두에 두고 읽어볼까요? 예수님께서 우리들에게 "일용할 양식들을 구하라는 겁니까? 구하지 말라는 겁니까?"

주님은 이것을 염려하는 자들을 향해 뭐라고 꾸짖습니까? "믿음이 적은 자들아!" 그런데 이런 것들을 구하는 게 연약한 인간의 자연스러운 본성 아닙니까? 그리고 "무엇을 마실까 무엇을 입을까"(31절) 이런 것은 누가 구하는 거라고요? "이방인들이 구하는 것"이라고 지적하십니다. 여러분! 어떻게 '염려'를 안 하고 살 수 있습니까?

여러분! '염려'하고 '그것을 구하는 것'은 주님의 뜻이 아니라고 하십니다. 수술대에 오르면서 살려달라고, 당장 굶어 죽게 생겼는데 밥을 달라는 기도가 왜 잘못 된 겁니까? 왜 예수님은 비 오는 날 김치전 뒤집듯 이랬다저랬다 하는 걸까요? 우리는 어느 장단에 맞춰야 하는 걸까요? 성경의 나무를 살피기 위해 한 걸음 더 들어가 볼까요?

2. 성경의 나무를 바라보며

2.1 마태와 누가의 본문에서 비교: 오늘 vs 날마다 (현재 명령법과 과거명령법의 차이)

"오늘 우리에게 일용할 양식을 주시옵고"(마태복음 6:11)

"우리에게 날마다 일용할 양식을 주시옵고"(누가복음 11:3)

< 마태복음과 누가복음의 문법상 해석의 차이>[51]

마태복음 6:11의 과거명령법	누가복음 11:3의 현재명령법
동작의 시작과 종결을 염두에 둔 사건적 성경에 초점을 맞추어 Do this particular thing at this particular time의 의미를 지니며 좀 더 구체적이고 특수한 사안에 대한 명령에 쓰인다.	동작의 시작과 종결이 아닌 무시간적 상태성을 강조하여 'Always be doing it'의 의미를 지니며 일반적인 교훈을 주는 데에 주로 사용된다.
오늘의(this day) 양식을 주옵소서	매일의(each day) 양식을 (늘) 주옵소서.

아주 어렵게 설명하고 있는데요, 마태의 "오늘, 또 다른 오늘"이나, 누가의 "일상적인 매일매일"이나, 결과론적으로는 같은 말입니다.

2.2 빵, 밥, 떡

헬라어 알토스(τὸν ἄρτον)는 '빵'이라는 단어입니다. 지금도 우리에게 빵은 밥 먹고 난 후에 먹는 간식이죠? 마찬가지로 성경을 번역하던 당시 한국 사람에게 빵은 주식보다 간식이라는 어감을 가질 수 있었습니다. 그리고 막상 '밥'이라고 번역하기에는 천박하게 보일 수 있죠? 한글성경번역자들은 고심 끝에 '빵'을 '양식'으로 번역합니다. 오히려 그것 때문에 기도의 내용이 애매해지고 그 의미의 범위가 넓어지는 느낌을 받습니다.[52]

2.3 일용할 양식의 범위

주님은 "우리 생활에 필요한 모든 것을 구하라"고 가르치시지 않습니다. "일용할" 즉, '그날 먹을 음식', 영어로 하면 "Daily Bread"입니다. "에고! 모든 것을 창조하신 하늘의 아버지가 쩨쩨하게도 우리에게 한 달이나 일 년이 아닌, 하루 먹을 양식을 구하라고요? 믿음의 사람이라면 더 큰 것을 구해야 하지 않나요?"

주기도문에서 '일용할 양식'[53]이 얼마큼의 양을 말하는 걸까요? 학자들마다 의견이 분분하지만 깔뱅이나 어거스틴은 "그야말로 사치품이 아니라 생필품을 말한다." 루터는 "생필품뿐만 아니라 공적인 차원, 사회적 차원을 더해서 일용할 양식을 얻으려면 경제가 활성화되고, 취업률이 높아지고 정의로운 사회로 구현되어야 한다."[54]고 했습니다.

'일용할 양식'이란 제유법 즉 전체를 표현하기 위해 한 부분을 대표해서 설명하는 것입니다. 그래서 '일용할 양식'은 꼭 먹는 것만을 의미하지 않습니다. 우리 인생에 가장 절실하게 필요한 것을 의미합니다.

얼어 죽는 사람에게는 따뜻한 온기가, 사채업자에게 큰 빚을 지고 있을 때 갚을 돈이, 수능을 앞두고 있는 학생에게는 수능시험의 공부가 '일용할 양식'입니다. 오늘 이 시간 여러분의 가장 절실한 일용할 양식이 해결되는 특별한 은혜가 있기를 바랍니다.

2.4 '일용할'의 세 가지 해석

'일용할'이 꼭 하루를 의미할까요?

"오늘 우리에게 일용할 양식을 주시옵고"(마태복음 6:11)

이 말씀을 성경에서 보면 1)이라고 각주가 달려있습니다. 아래쪽 주석을 보면 '1) 또는 내일 양식을'이라고 되어 있습니다. 이로써 '일용할'은 꼭 하루만을 의미하는 게 아니고 문맥에 따라 "① 생존에 필요한 ② 오늘을 위한 ③ 내일을 위한"으로 세 가지의 해석이 가능합니다. 이 세 가지 의미를 다 담고 있는 구약의 한 장면을 소개하려 출애굽기 16장 4절 광야로 갑니다.

3. 일용할 양식에 대한 구약적 그림과 신약적 연결

3.1 출애굽기에서 만나의 사건

"그 때에 여호와께서 모세에게 이르시되 보라 내가 너희를 위하여 하늘에서 양식을 비 같이 내리리니 백성이 나가서 일용할 것을 날마다 거둘 것이라 이같이 하여 그들이 내 율법을 준행하나 아니하나 내가 시험하리라"(출애굽기 16:4)

출애굽 하여 40년간 광야생활을 할 때, 아무것도 없는 허허벌판에서 "배고파 죽겠다. 먹을 게 없다."는 불평을 하는 이스라엘 백성들에게 하나님께서는 하얀 갓씨 같은 것을 주셨는데 이것을 히브리어로는 '만후'라고 합니다. 그래서 '만나'라 불렀죠!

하나님께서 이 양식을 한없이 쏟아 부어 주셨습니다. 그러나 가지고 싶은 대로 다 가질 수 있었습니까? 아니죠. 만나는 아주 엄격하게 "당일의 분량만"을 거둘 수 있었습니다.[55] 만약에 다음날까지 남겨두게 되면 "벌레가 생기고 냄새가 났습니다."(20절). 그리고 거두지 않은 만나는 햇볕이 내리쬘 때 없어져 버렸습니다(21절). 예외적으로 6일 째 되는 날은 두 배로 거두게 하셨습니다.

왜 하나님은 불안한 광야에서 양식을 비축하지 못하도록 하셨습니까? 천지를 창조하신 분이 인색하신 것인가요? 그들은 아침마다 땅을 덮은 만나를 거두면서 무슨 생각을 했을까요?

'광야에서는 내가 할 수 있는 게 없구나! 나는 결핍된 존재다. 하나님께서 하루라도 만나를 내려주시지 않으면 우리는 생존할 수 없는 존재이구나! 하나님을 의존해서만 살 수 있는 존재구나! 우리를 매일 먹이시는 분이 하나님이시구나.' 깨닫기를 바라셨습니다.

3.2 만나를 "일용할 것"으로 주신 이유는 무엇인가?

만나를 통해 한 발자국 더 성경 안으로 들어갑니다.

> "너를 낮추시며 너를 주리게 하시며 또 너도 알지 못하며 네 조상들도 알지 못하던 만나를 네게 먹이신 것은 사람이 떡으로만 사는 것이 아니요 여호와의 입에서 나오는 모든 말씀으로 사는 줄을 네가 알게 하려 하심이니라"(신명기 8:3)

"사람이 떡으로만 사는 것이 아니다." 그러니까 떡도 반드시 있어야 합니다. 그러므로 일용할 양식을 마음껏 구해야 합니다. 그런데 우리가 그 만나를 통해서, 일용할 양식을 통해서 잊지 말아야 할 것은 "우리는 이 모든 것을 주시는 여호와의 입에서 나오는 모든 말씀으로 산다."는 것입니다.

만나는 겉으로 볼 때, 우리의 육체를 위한 양식입니다. 분명 우리 삶에 없어서는 안 될 중요한 자원입니다. 하지만 사람이 밥만 먹고 살 수 없습니다. 사람에게 가장 근본적으로 필요한 게 무엇인지, 만나를 주신 분이 누구인지, 오늘도 너를 먹이고 너의 코에 호흡을 불어넣는 분이 누구인지를 가르치시는 하나님의 실물 교육이 바로 만나였습니다.

3.3 만나를 '하늘'에서 내리시는 이유

그리고 '만나를 매일 내리시는데' 만나를 하늘에서 내리십니다. 정기적으로 약대에다 먹을 것을 싣고 올 수 있고 그들 가운데 양떼나 소떼가 있어서 낳은 새끼들로 배불리 먹을 수 있지 않을까요? 왜 하나님께서는 그런 방법들을 사용하지 않았을까요?

그들은 매일매일의 양식이 하늘에서 떨어지는 것을 보면서, "아! 아무 것도 없는 광야에서 내가 먹고 마시는 모든 것은 내 힘으로 지혜와 노력으로 얻어지는 게 아니며 결국 하늘에서 오는 떡으로 사는구나! 우리를 먹이시는 주체가 하늘에 계신 분이구나."라는 깨달음, 그들은 만나를 먹으면서 "사람이 떡으로 사는 것이 아니요, 여호와 하나님을 통해서 산다"는 것을 몸으로 뼈저리게 체험했습니다.

여러분! 광야의 인생길을 걷고 있지 않습니까? '일용할 양식, 오늘의 만나'를 통해 그걸 주시는 하늘의 하나님을 풍성히 누리시기를 바랍니다.

3.4 마태복음 4장, 예수님께서 사단의 시험에 이 구절을 인용하신 이유?

예수님께서 광야에서 사단에게 시험 당하실 때 이 구절을 인용하셨습니다. 40일을 금식하셨으니 뱃가죽과 등가죽이 착 달라붙었겠지요.

금식기도 해 보신 분들은 아시지만 이때 뭐 스테이크, 파스타 같은 럭셔리한 음식이 생각나지 않아요. 평상시 먹지도 않던 라면, 떡볶이, 과자 이런 게 봄날 아지랑이 피듯 눈에 아른 거립니다. 제가 대학생 시절 선교단체에서 연초마다 금식수련회를 할 때 냉기를 막기 위해 바닥에 왕뚜껑, 새우깡 등의 박스들을 깔아 놓아서 기도는커녕 더 배가 고팠습니다.

이때 사단이 "예수님! 돌을 떡으로 만들어 잡수세요. 떡볶이 한 접시 드세요." 아주 유치하게 유혹합니다. 하지만 주님께서는 "내가 비록 육체의 굶주림으로 인해 유혹받는다. 하지만 사람은 떡으로만 사는 게 아니다. 난 하나님의 말씀으로 산다. 나는 네 말을 들을 수 없다. 물러가라!" 사단을 물리칩니다. 이 말씀은 예수 그리스도 안에서 순수한 결정체처럼 온전히 드러났습니다. '오늘 우리에게 일용할 양식을 주세요.' 이 기도는 예수님을 통해 어떻게 구현되었을까요?

4. 주기도문에서 진정한 의미는?

4.1 일용할 양식을 구하는 것은 오히려 하나님 나라에 부합하는 기도다

> "내가 곧 생명의 떡이니라 너희 조상들은 광야에서 만나를 먹었어도 죽었거니와 이는 하늘에서 내려오는 떡이니 사람으로 하여금 먹고 죽지 아니하게 하는 것이니라 나는 하늘에서 내려온 살아 있는 떡이니 사람이 이 떡을 먹으면 영생하리라 내가 줄 떡은 곧 세상의 생명을 위한 내 살이니라 하시니라"(요한복음 6:48~51)

진정한 생명의 양식이신 예수 그리스도로 이어집니다.[56] 1세기 때 제자들은 '일용할 양식'을 이렇게 선명하게 이해를 했습니다. 결국 하나님 나라의 실체인 예수님을 함께 먹으니 하나님 나라라는 주제와 일맥상통하죠? 예수님께서 뒤에 가르치신 "재물에 대한 가르침"과도 충돌이 없게 됩니다. '내일'은 내일 염려와 더불어 이미 아버지의 손안에 감추어져 있습니다(마태복음 6:34)[57]. 우리는 주님께 우리의 현재와 우리의 오늘만 맡기면 됩니다.

그러니 주기도문의 주제인 "그의 나라와 그의 의를 구하는 것"에 비해 결코 볼품없는 기도가 아닙니다. 경제적으로 사회적으로 실패한 기독교인이 처절하게 외치는 외마디의 비명이 아닙니다. 밥 굶지 않고 좀 잘 살게 되었다 '밥을 주소서, 빵을 주소서'하는 기도를 유치하게 생각하는 것은 인간의 교만입니다.

그러니 오히려 '일용할 양식'을 통해, '우리의 필요를 통해' 탐욕에

사로잡히는 게 아니라 오히려 하나님을 보게 됩니다. 우리 주님은 '일용할 양식' 안에 "하나님! 우리가 매일매일의 이 양식을 먹을 때마다 그것을 주신 하나님을 바라보게 해 주옵소서!", "하나님! 우리가 매일의 이 양식을 통해, 우리를 날마다 먹이시는 하나님을 기억하며 살게 해 주옵소서!"라는 기도를 가르치신 것입니다. 예수님의 생명의 떡, 산 떡을 먹게 해 달라는 하나님 나라를 위한 간절한 기도입니다.

4.2 하이델베르크와 깔뱅의 주장

이 부분을 하이델베르크에 아주 명쾌하게 정리를 합니다.

하이델베르크 교리문답의 제50주일 제125문

문	네 번째 청원은 무엇입니까?
답	"우리가 일용할 양식을 오늘 우리에게 주소서." 곧 이 청원은 "우리의 모든 육신적인 필요를 채워주셔서, ① 하나님 당신께서 모든 선의 유일한 근원이라는 것과, ② **<u>하나님 당신의 축복 없이는</u>** 우리의 노고와 근심, 그리고 ③ 하나님 당신의 선물도 우리에게 어떤 선도 될 수 없다는 것을 깨닫게 하여 주십시오. 그 결과로 우리가 모든 피조물에 대해 우리의 신뢰를 두지 말고, 오직 하나님 당신께만 우리의 신뢰를 두게 하여 주십시오" 라고 구하는 것입니다.

"하나님 당신의 축복 없이는 우리의 노고와 근심, 그리고 하나님 당신의 선물도 우리에게 어떤 선도 될 수 없다." 이 고백이 얼마나 충

격적입니까?[58]

개혁교회의 초석을 놓은 깔뱅도 이러한 의미를 제대로 살려 아름답게 표현했습니다.

"그리스도께서 지상 생활의 의식주 문제를 먼저 들고 나오신 이유가 무엇일까요? 우리로 하여금 이런 기초적인 것에서부터 저 높은 곳으로 이끌어가려는 뜻에서입니다. 그러므로 우리는 마치 일시적인 배불림이 우리의 영원한 영혼 구원보다 더 가치가 있는 것처럼 여겨서는 안 됩니다. 궁극적으로 우리가 하나님께 모든 것을 구하고 하나님만을 모든 혜택의 유일한 출처로 여겨야 합니다. 더없이 하찮은 문제에서도 아버지로서의 선하심에 대한 여러 증거가 나타난다는 점, 더 나아가 그분께서는 육신의 필요사항까지도 생각해 주신다는 점을 발견하는 일이야말로 우리의 신앙에 대한 진정한 시금석이 아닐 수 없습니다."

여러분들은 먹을 것과 입을 것을 마음껏 구하세요. 나의 일용할 양식을 위해 얼마든지 거두십시오. 그 속에서 "하늘에 계신 하나님 아버지께서 오늘도 우리를 먹이고 입히신다. 그리고 진짜 생명의 떡인 예수 그리스도를 나의 생명 삼아야 한다."

> "너희는 먼저 그의 나라와 그의 의를 구하라 그리하면 이 모든 것을 너희에게 더하시리라"(마태복음 6:33)

이 고백으로까지 나아갈 수 있는 저와 여러분이 되시기를 바랍니다.

4.3 '나'에게가 아니라 '우리'에게, 책임 있는 삶 '낯선' 삶: 자족하는 청지기의 삶

이제 수직적인 시선에서 수평적인 삶의 지평으로 돌려 볼까요? 주기도문 후반부의 세 간구는 동일하게 '내'가 아닌 복수형인 '우리'가 간구합니다.

"하나님! 오늘 내가 쓸 것을 풍족하게 채워 주세요. 제가 건강하게 해 주시고. 만사형통의 복을 누리게 해 주세요." 하나님은 "너는 세상에서 잘 먹고 잘 살아라. 네가 세상에서 필요하다고 하는 것을 모두 내가 다 주마" 이런 이기적인 기도가 맞을까요?

이 기도는 우리를 제자로 교회 공동체로 부르시고 가르치신 기도입니다.[59] 그러니 이 기도는 철저하게 개인을 위해 구하는 것이 아니라 교회와 이웃을 이해 함께 구하는 것입니다.[60]

오직 자신만 생각하는 사람, 물질에만 희망을 걸고 있는 사람, 잘 먹고 잘사는 것이 최고라고 생각하는 사람에게 이 기도는 참으로 위험한 기도이며 불편한 기도입니다. 여러분도 이 기사를 기억하실 겁니다.

〈한겨레〉 2014년 2월27일자. '주인아주머니께 죄송합니다. 마지막 집세와 공과금입니다. 정말 죄송합니다.'생의 마지막 순간조차 그들은 '미안하다'고 봉투에 적었다. 60대 어머니와 30대 두 딸은… 바로 옆에 살던 사람들이다. 송파구에서 모녀가 생활고를 못 이겨 죽었다. 강남의 빌딩 그림자에 있는 사람들이 있다.

여러분은 손에 무엇이 있습니까? 무엇을 가지기 원하세요? 그게 설령 교회일지라도 목양에 관한 것일지라도, 탐심의 대상이거나 내 개인의 소유가 절대로 될 수 없습니다. 내 영혼이 시들면 모든 것이 무덤이 됩니다. 오늘날 이 세계는 탐욕 때문에 무덤이 되고 있습니다.

이 기도를 물질주의와 세속주의의 깃발을 흔들며 자신의 탐욕을 위한 기도를 정당화하려는 시도를 버려야 합니다. 그렇다고 금욕주의로 남루하고 청빈하게 살아야 한다는 걸 강조하며 남을 정죄하지 마십시오. 선한 청지기는 '내 것'이 없습니다. 그렇기 때문에 일용할 양식에 족합니다. 나머지는 내 주인의 뜻에 따라서 나누는 겁니다. '우리에게'이지 절대 '나에게'가 아닙니다.

저는 한 교회를 담임하는 목사로서 매일매일의 삶이 저에게는 낯선 광야입니다. 저 역시 오늘 하루 매일매일 내리는 만나를 의존하지 않으면 살 수 없는 존재입니다.

여러분은 어떤 인생의 광야 길을 걷고 있으세요? 우리에게 정말 필요하고 시급한 게 무엇인가요? "이것만 해결해 주시면"하는 현실적인 문제가 있으세요? 그렇다면 간절하게 기도하십시오. 그러나 그것이 여러분의 신앙을 방해하지 못하도록 하십시오. 그 현실적인 문제가 하나님께 헌신하고 봉사하고 하나님의 말씀에 순종하는 삶을 살고자 하는 여러분을 막아서지 못하게 하십시오.

오히려 '그 문제 앞에서, 일용할 것 앞'에서 "사람이 떡으로만 살

것이 아니요, 하나님의 입에서 나오는 모든 말씀으로 살 것이라" 하나님에 대한 신앙을 담대히 고백하십시오. 이기심의 척추를 탁 부러뜨리시고 그 하나님을 바라보며 눈맞춤을 하는 기도를 하십시오.

아버지 손에 무엇이 들려 있는가가 아니라 그 아버지를 볼 수 있기를 바랍니다. 오히려 아무것도 의지할 것 없는 그 광야에서 매일 매일 만나를 내리셨던 그 하나님을 광야와 같은 나의 심령 안에서 만나십시오. 그리고 하루하루 그분의 세심한 돌보심을 발견하며 나갔던 이스라엘 백성처럼 하나님의 도우심을 구하시는 기도의 낭만을 누리시기를 소망합니다.

함께 읽으면 좋아요~!

죄죽임

존 오웬, 부흥과개혁사, 2009.

오디너리

마이클 호튼, 지평서원, 2015.

6장 | '우리'에 관한 첫 번째 간구 | 요약

1. 주기도문의 앞에는 잘못된 기도의 예시인 외식하는 기도와 중언부언하는 기도가 있습니다. 그리고 주기도문의 뒤에는 재물에 대한 가르침이 나옵니다.
2. 일용할 양식은 단순한 생필품만이 아니라 우리 인생에 가장 절실하게 필요한 것을 포괄합니다.
3. 구약에서 일용할 양식은 출애굽기의 '만나'를 통해 오늘 하루도 우리에게 필요한 것을 채워 주셔서 살아가게 하시는 하나님을 바라보고 간구하며 감사하는 모습으로 나타납니다.
4. 신약에서 예수님께서는 이 말씀으로 광야의 시험을 이기셨고, 예수님 자신이 '생명의 떡'이라고 선언하셨습니다. 그러므로 일용할 양식을 구하는 기도는 하나님 나라와 충돌하는 것이 아니라 오히려 예수님 그 자체를 구하는, 하나님 나라를 위한 간절한 기도입니다.
5. 이 기도는 '나'에게가 아니라 '우리'에게 필요한 것을 구함으로써, 다른 사람에게도 책임 있는 낮선 삶, 자족하며 베푸는 청지기의 삶을 가르치기도 합니다.

6장 '우리'에 관한 첫 번째 간구 | 소그룹 질문

1. 절박하게 무언가를 위해서 기도해 본 적이 있습니까? 무엇을 위해 기도했나요? 그리고 각자가 기도할 때 주로 어떤 것을 구하는지 기도의 제목들을 나누어봅시다.

2. 하나님께 무언가 필요한 것을 달라고 하는 기도를 '기복주의'로 얘기할 때가 있죠. 이런 기도는 어떻게 평가할 수 있을까요? 만약 이런 기도가 기복주의와는 다르다고 생각한다면 어떤 차이가 있다고 말할 수 있을까요?

3. 삶 속에서 물질에 대한 탐욕이나 내가 가지고 누리고 있던 부유함과 풍요 속에서, 하나님을 찾지 않고 교만했던 경험이 있다면 서로 얘기해 볼까요? 잠시 회개하며 기도하는 시간을 가져도 좋을 것 같습니다.

4. 하나님께서 지금 내게 주신 것들, 내가 선물로 받아 누리고 있는 것들이 있나요? 하나하나 적어보면서 이 모든 것을 주신 하나님께 감사하며 기도하면 좋겠습니다. 더 나아가 이 선물들을 가지고 어떻게 하나님을 영화롭게 할지, 하나님의 영광을 위해 잘 사용할 수 있을지도 함께 고민해 봅시다.

7

용서하시는 하나님의 역장(力場)안으로

'우리'에 관한 두 번째 간구

καὶ ἄφες ἡμῖν τὰ ὀφειλήματα ἡμῶν, ὡς καὶ ἡμεῖς ἀφήκαμεν τοῖς ὀφειλέταις ἡμῶν·

우리가 우리에게 죄 지은 자를 사하여 준 것 같이 우리 죄를 사하여 주시옵고

(마태복음 6:12)

성경을 읽다보면 의문이 생길 때도 있습니다. 그렇다고 그럴 때 마다 나는 왜 믿음이 없을까 자책해서는 안 됩니다. 해석을 위한 건강한 질문들은 하나님 말씀의 움이 톡톡 트이는 중요한 마디입니다.

1. 첫 번째 오해: 마태복음의 '빚'과 누가복음의 '죄'

1.1 본문의 문맥과 사역(私譯)

첫 번째 마태와 누가에 다른 단어가 사용되어서 혼란스럽습니다. 마태복음 6:12을 원래의 언어였던 헬라어 순서대로 직역 할 테니 헬라어와 함께 음미해 보세요.

καὶ ἄφες ἡμῖν[61]	τὰ ὀφειλήματα ἡμῶν,[62]
또 용서(탕감)해 주십시오.	우리의 빚을,
ὡς καὶ ἡμεῖς ἀφήκαμεν[63]	τοῖς ὀφειλέταις ἡμῶν·[64]
우리가 탕감하여 준 것 같이,	우리에게 빚을 진 자를.

성경에서 보면 '죄'라는 단어 앞에 숫자 2)의 각주에 "헬, 빚진 자를 탕감하여 준 것 같이 우리의 빚도 탕감하여 주시옵고."라고 되어 있습니다. 같은 기도의 내용인 누가복음 11:4을 보면

καὶ ἄφες ἡμῖν τὰς ἁμαρτίας ἡμῶν, καὶ γὰρ αὐτοὶ ἀφίομεν παντὶ ὀφείλοντι ἡμῖνν· καὶ μὴ εἰσενέγκῃς ἡμᾶς εἰς πειρασμόν.[65]

> "우리가 우리에게 죄 지은 모든 사람을 용서하오니 우리 죄도 사하여 주시옵고 우리를 시험에 들게 하지 마옵소서 하라"

헬라어로 마태는 은유적 의미가 담긴 "빚"(ὀφειλήματα)으로 누가는 은유적인 표현보다는 명확한 뜻을 담고 있는 "죄"(ἁμαρτίας)라는 표현을 했습니다.[66] 우리가 보기에 '빚'과 '죄'는 그 의미도 다를 것 같은데 왜 이렇게 다르게 쓰였을까요?

1.2 마태의 수사학적 장치: 비유와 은유의 그림으로

언뜻 보기에 제가 금수저 아들인 것 같아 보이지만 그러나 저는 전형적인 흙수저 아들입니다. 제가 어렸을 때 집안이 어려워서 늘 빚에 시달렸습니다. 그러자 어머니는 빚을 빨리 갚으려고 동네에서 계주를 하셨는데 이게 화근이었습니다. 앞 순서에 미리 곗돈을 타고 도망간 사람 때문에 더 큰 빚이 되어 고스란히 온 가족의 짐이 되었습니다. 빚을 진 그 이후부터는 모든 자유로움이 사라집니다. 어머니가 이자 갚을 날이 되면 밤잠을 설치시는 것을 저는 옆에서 똑똑히 봤기 때문입니다. 그러니 빚은 우리의 영혼을 갉아 먹습니다. 대학 졸업하고 신학대학원을 진학하고 전도사 생활을 하면서 까지도 빚을 갚았습니다. 제가 결혼을 하고 나서야 겨우 자유의 몸이 되었습니다. 이 빚이 죄와 성질이 똑 같습니다.

하나님께 마땅히 해야 할 바를 하지 않은 것은 죄입니다. 언젠가는 꼭 갚아야 하는 빚(debt)처럼, 인간의 죄는 어떻게든지 하나님 앞에

갚아야 합니다.[67] 이것을 마태는 비유와 은유가 담긴 '빚'이라는 그림 언어로 표현한 겁니다. 그래서 "우리의 빚을 용서해 주소서"는 내용적으로 "우리의 죄를 용소하소서"와 같은 기도입니다.

2. 두 번째 오해: "우리가 받게 될 죄용서가 우리의 의로움에 기초하고 있다?"

2.1 자신들의 공로나 행위에 근거하여 조건적으로 구하는 유대인들의 기도가 아니다.

두 번째 우리의 오해는 "우리가 우리에게 죄 지은 자를 사하여 준 것같이 이것을 조건으로 해서 우리 죄를 사하여 달라"는 것입니다.

"하나님! 원수 같은 내 직장 동료들, 뱀같이 차가운 시어머니, 여우 같은 며느리를 용서해 주겠습니다. 그러니 하나님께서도 내 죄를 용서해 주십시오." 마치 '내가 이웃의 죄를 용서해 주는 게 근거, 공로, 원인, 조건이 되어서 나 역시 하나님께 죄 사함을 해 주신다.'라는 것이 실제 유대인들의 생각이었습니다. 누가복음 18장에 하나님께 감사하는 근거를 "토색, 불의, 간음을 하는 자들과 같지 아니하고 이 세리와도 같지 아니함을 감사하나이다. 나는 이레에 두 번씩 금식하고 또 소득의 십일조를 드리나이다"라고 기도를 했습니다. 하나님께 받는 죄 사함을 자신의 공로라고 여겼습니다.

2.2 이 기도의 전제- 예수 그리스도를 믿는 신자가 하는 기도다(신앙 고백으로서의 용서)

인간의 용서가 하나님의 용서의 근거가 될 수 있을까요? 내가 남을 용서함으로써 하나님께서 나를 용서해 주신다는 조건이 맞을까요? 성경에서는 분명히 하나님의 용서는 인간의 어떠한 요소나 조건 없는 무조건적으로 값없이 은혜로 주어진다고 말합니다.

사실 이 문장은 헬라어 순서로 보면 명확해집니다. "우리 죄를 사하여 주옵시고"가 앞에 있고 "우리가 우리에게 죄 지은 자를 사하여 준 것 같이"가 뒤에 있습니다. 논리적 순서가 우리가 먼저 하나님의 용서를 받아야 남을 용서해 줄 수 있습니다.[68)]

주기도문은 제자들에게 하신 기도로써 "불신자가 구원받게 되는 결정적 사죄"가 아닙니다. "이미 예수님의 제자들, 이미 구원받은 자들이 매일의 삶에서 죄 용서를 구하라."는 의미입니다. 그래서 이 항목은 '칭의'가 아니라 '성화'의 항목입니다.[69)]

2.3 양식을 달라는 기도, 죄를 사해 달라는 기도의 순서가 바뀐 건 아닐까?

여러분! '하루 먹을 치 밥을 주세요.'하는 간구와 '우리의 죄를 사해 주세요.'하는 간구 중 어떤 게 더 세련되고 명분이 있어 보이나요? '죄를 사하는 게 좀 더 그럴싸하잖아요.' 그런데 예수님은 유치하게 밥 기도를 먼저 말씀하세요.

생명이 없고 죽은 사람이라면 죄 용서를 위한 기도가 필요할까요? '아직 태어나지 않은 사람'은 이 기도를 배울 수가 없습니다. 당연히

'죄 용서를 비는 기도'는 그 당시 예수님을 믿고 따랐던 제자들, 거듭나서 살아 있는 사람, 칭의를 입은 사람에게 주어진 특권입니다.

2.4 문법적 해석

고대어에 능통한 '요아킴 예레미아서'라는 분에 의하면 헬라어적 문법이 아니라 그 당시 유행했던 아람어적 문법으로 보는데 아람어에서는 완료 시제는 완료의 의미가 아니라 동시성의 개념입니다. 번역을 해 보면, "하나님. 우리의 죄를 용서하여 주옵시고, 동시에 우리도 우리에게 빚진 자를 용서하겠나이다. 하나님 우리가 하나님께로부터 용서를 받고 그 빚을 탕감 받은 것처럼, 우리도 그렇게 살아야겠습니다." 서약의 개념, 의무의 개념입니다.

2.5 하이델베르크의 해설

이번엔 어려운 해석학적 고통을 겪지 않고, 아주 쉬운 문장으로 된 해설로 보겠습니다.

하이델베르크 제126문

문	다섯 번째 청원은 무엇입니까?
답	"우리가 우리에게 빚진 자들을 사해 주었듯이, 우리에게도 우리의 빚들을 사해 주옵소서." 곧 이 청원은 "그리스도의 피의 공로로 말미암아, 불쌍한 죄인인 우리에게 우리의 모든 범죄와 우리에게 항상 달라붙어 있는 악을 전가시키지 마시고, 우리가 당신의 은혜에 대한 이 증거를

> 자기 자신 가운데서 발견함으로서, 우리의 이웃을 전심전력으로 용서하도록 충분히 결심하게 해 주십시오."라고 구하는 것입니다.

빚진 자들이 늘 생활에 쪼들리고 채주에 시달리듯, "우리의 모든 범죄와 우리에게 항상 달라붙어 있는 악"이 우리 영혼을 시달리게 하고 피폐하게 만듭니다. 그래서 요리문답은 우리는 '불쌍한 죄인'이라는 우리의 정체성을 정확히 짚어줍니다.

그리고 논리적 순서로 보면 우리가 우리에게 죄지은 자를 사하여 주는 행위보다, "그리스도의 피의 공로로 말미암아" 주님의 은혜가 먼저 있습니다. "당신의 은혜에 대한 증거"를 보일 수 있게 "우리의 이웃을 전심전력으로 용서하도록 충분히 결심하게 해 주십시오." 한 방에 안 된다는 것을 잘 알기에 "완전히 할 수 있도록 아니라 마음으로 충분히 결심하도록 해 주세요."

예수님께서는 마태복음 18장에 '빚 탕감의 비유'로 쉽게 이해할 수 있도록 해 주셨습니다.

3. 다시 한 번 성경으로(비유로 읽는다)

3.1 ~과 같이: 칭의적 차원

장면 ① : 임금이 일만 달란트 빚진 자를 용서해 주는 장면

"그러므로 천국은 그 종들과 결산하려 하던 어떤 임금과 같으니 결산할 때에 만 달란트 빚진 자 하나를 데려오매 갚을 것이 없는지라 주인이 명하여 그 몸과 아내와 자식들과 모든 소유를 다 팔아 갚게 하라 하니 그 종이 엎드려 절하며 이르되 내게 참으소서 다 갚으리이다 하거늘 그 종의 주인이 불쌍히 여겨 놓아 보내며 그 빚을 탕감하여 주었더니"(마태복음 18:23~35)

장면 ② : 빚을 탕감 받은 종이 행한 일.

"그 종이 나가서 자기에게 백 데나리온 빚진 동료 한 사람을 만나 붙들어 목을 잡고 이르되 빚을 갚으라 하매 그 동료가 엎드려 간구하여 이르되 나에게 참아 주소서 갚으리이다 하되 허락하지 아니하고 이에 가서 그가 빚을 갚도록 옥에 가두거늘"

장면 ③ : 임금이 이 사실을 알고 행한 일.

"그 동료들이 그것을 보고 몹시 딱하게 여겨 주인에게 가서 그 일을 다 알리니 이에 주인이 그를 불러다가 말하되 악한 종아 네가 빌기에 내가 네 빚을 전부 탕감하여 주었거늘 내가 너를 불쌍히 여김과 같이 너도 네 동료를 불쌍히 여김이 마땅하지 아니하냐 하고 주인이 노하여 그 빚을 다 갚도록 저를 옥졸들에게 넘기니라 너희가 각각 마음으로부터 형제를 용서하지 아니하면 나의 하늘 아버지께서도 너희에게 이와 같이 하시리라"

이 비유의 초점은 무엇입니까? "1만 달란트 빚을 탕감 받은 종이

겨우 100데나리온의 빚을 갚지 못한 종에게 옹졸한 모습을 보였습니다." 설령 그가 100데나리온 빚진 자를 용서해 주었다고 하더라도 그보다 앞선 전제는 "그가 일만 달란트나 탕감 받았다"는 사실입니다.

고대 1만달란트는 노동자의 20만 년 치 임금입니다. 이것은 우리의 능력으로 값을 수 없는 돈입니다. 죄 문제 역시 죄인인 우리가 할 수 없습니다. 죄인을 판단하는 재판장이신 하나님만이 하실 수 있습니다. 죄의 사면권이 하나님께 있습니다. 즉 무조건 은혜가 먼저이고, 우리의 행동은 그 은혜에 대한 감사의 표현입니다.

3.2 ~것 같이: 성화적 차원

이어지는 35절에서 "너희가 각각 마음으로부터 형제를 용서하지 아니하면 나의 하늘 아버지께서도 너희에게 이와 같이 하시리라" 이 말씀은 형식만 비유를 빌린 것뿐이지 사실 주님의 어마무시하고 강력한 명령이요. 경고입니다. "우리 죄를 용서하여 주소서"로 끝나지 않고 "우리에게 죄 지은 사람들을 용서했습니다."라는 말을 덧붙였기 때문에 마틴 루터는 이 기도를 '두려운 기도'라고 했습니다.[70] 아우구스티누스는 이 기도를 '끔찍한 기도'라고 불렀습니다.[71]

여러분에게는 이 기도가 끔찍하거나 두려운 기도가 아니라 참된 용서의 맛을 아는 기도가 될 수 있기를 바랍니다. 그런데 이 거룩한 명령을 어떻게 삶 속에 구체적으로 적용 할까요? 죄 사함의 은혜를 받은 사람이 이웃을 용서함으로 증거 하는 은혜를 어떻게 누릴 수 있죠?

4. 생각할 점

2007년에 전도연이 깐 영화제에서 여우주연상을 받았던 '밀양'이라는 영화를 아시나요? 이창동 감독이 만든 영화로 한국 지성계는 물론 한국교회에 "구원, 용서란 무엇인가?" 질문을 던지면서 큰 반향을 일으켰습니다. 제목도 한자인 '밀양(密陽)'와 영어 'Secret Sunshine'을 사용하여 영화의 내용을 넌지시 이야기해 줍니다.

간단한 줄거리는 이렇습니다. 30대 초반의 여성인 신애는 남편을 여의고 아들 준이와 함께 남편의 고향인 밀양에 가서 살게 됩니다. 신애는 피아노학원을 운영하면서 투자하기 좋은 땅을 알아봐 달라고 부탁하지만 사실 은행에 470만원이 전부인 소시민이었습니다.

큰돈을 가지고 있을 것이라고 생각한 웅변학원 원장 박도섭이 아들 준이를 유괴합니다. 신애는 은행에 있는 470만원을 다 주며 아들을 살려 달라고 사정하지만 아들 준이는 끝내 싸늘한 주검으로 돌아옵니다.

아들의 사망신고를 마치고 동사무소를 나오는데 마침 '상처받은 영혼을 위하여'라는 부흥회 현수막을 보고 교회를 향합니다. 그리고 참을 수 없는 고통을 토해 낸 다음 부흥강사의 안수기도를 받고 위안을 얻습니다.

이후로 교회를 열심히 다니며 새 생명을 얻었다고 간증을 합니다. 신애는 '용서'가 기독교의 핵심이라고 생각합니다. 그래서 살인자를 찾아가 용서하겠다고 할 때 주위 사람들이 극구 만류하면서도 한 편으로는 신애의 용기에 감탄합니다. 신애가 교도소를 찾아가 살인범

박도섭을 만났습니다.

그런데 박도섭의 얼굴을 보는 순간 범죄의 그림자는 온데간데 없었고 오히려 평온한 얼굴이었습니다. 신애가 용서를 해 주기도 전에 이미 그는 교도소에서 예수님을 영접하고 죄 사함을 받았다고 말합니다. 그리고 이 두 사람은 서로 용서에 관한 대화를 3분 정도 나눕니다.

서로의 대화 속에 하나님과 사랑과 용서를 운운합니다. 하지만 여러분 보시기에 신애가 진정한 용서를 해 준 것이 맞습니까? 박도섭은 진정한 용서를 받은 것이 맞습니까? 충분한 준비도 없이 용서를 시도하려는 신애는 안쓰러워 보입니다. 하나님의 이름을 들먹이며 용서를 말하는 박도섭은 가증스러워 보입니다. 여러분 이게 솔직한 우리의 자화상이 아닐까요?

4.1 용서 후에도 느끼게 되는 불편함?

여러분은 용서의 사람이십니까? 이런 날카로운 질문에 많은 그리스도인들은 콤플렉스를 느낍니다. 새벽마다 우리는 기도하죠. "나를 힘들게 하고 상처를 주는 인간들을 용서합니다. 사랑합니다."

그러나 교회 밖을 나오는 순간 껄끄러운 그 인간의 얼굴이 생각나며 다시 미워지고 감정이 격해집니다. 마음을 쓸어내리면서 다시 한 번 결단하고, 각오합니다. 그러나 그 인간을 교회 복도 맞은 편에서 만나게 됩니다. 이미 용서를 했으니 피할 이유가 없다고 해서 앞으로 지나가려 하지만 그런 의지와는 상관없이 나의 몸은 반대 방향으로 가고 있지 않나요?

사람들은 용서를 지은 죄나 잘못한 일에 대하여 꾸짖거나 벌하지 아니하고 덮어 주는 거라 생각하죠. "여러분에게 용서가 쉬운가요? 과연 용서의 사람인가요? 이런 일상에서 우리의 반응은 어떻습니까?

4.2 잘못된 용서의 방법

먼저, 상처를 치유 받는 가장 빠르고 간편한 길은 복수입니다. 아내가 삐쳐서 말 안하면 나도 모른 척하고 말 안하면 됩니다. 큰 문제 생기지 않고 얼마든지 복수할 수 있습니다.

둘째로 용서는 하나의 이상이라 생각합니다. 그래서 그냥 미움과 증오를 가지고 계속 삽니다.

셋째는 용서가 은사인 사람이 있어요. "난 아무 조건 없이 용서할 수 있어!"라고 말합니다. 하지만 곧 "내가 속은 것이 아닌가? 과도하게 양보한 것이 아닌가?" 혼란스러워 하지는 않나요?

넷째, 용서를 남보다 잘한다고 생각하는 사람 있습니다. 쉽게 용서하는 사람들은 도덕적 우월감에 빠지고 인격적으로 탁월한 사람이라 착각할 수 있습니다. 그러나 상대방의 허물을 쉽게 눈감아 주는 이유가 뭘까요? 괜히 긁어 부스럼 만들 필요가 없으니까요. 서로가 건드리면 피곤하니까요.

여러분! 이런것이 '참된 용서'가 맞을까요? 이런 용서는 백날 해 봐도 관계가 왜곡된 채 그대로 있죠. 그러기에 고통이 절대로 줄어들지 않습니다. 참된 용서의 기쁨을 누리지 못합니다. 때문에 늘 부담이요. 짐이요. 율법이 됩니다.

그리스도인들조차 “쓴 뿌리를 제거하고 견고한 진을 파괴하라” “사죄의 확신을 가지라” 머리로는 얼마든지 동의를 하고 지식적으로 누구보다도 잘 설명합니다. 하지만 몸이 잘 따르던가요? 이럴 때 우리는 좌절을 맛보게 됩니다. 결국 ‘용서는 하나의 이상이다.’ 생각하는 게 편합니다. 어떻게 그렇게 잘 알죠? 이것도 제 경험이니까요.

4.3 예수님의 요구

마태복음 18장에서 오지랖 넓은 베드로는 그 당시 랍비가 두 번 정도 용서를 했으니까, 조금 더 돋보이기 위해 “일곱 번 정도 용서하면 될까요?”라고 예수님께 물어보니 예수님은 “일 곱 번씩 일흔 번을 용서하라”고 말씀하십니다. ‘490번’ 아이고! 산 너머 산입니다. 이런 예수님의 요구가 너무나 부당하게 느껴지지 않나요?

1만달란트 빚진 종이 100데나리온 빚진 종에게 빚을 갚으라는 장면은 처참하다 못해 가엾습니다. 100데나리온도 3개월의 봉급정도 되니 그것도 작은 돈이 아닙니다. 하지만 1만달란트에 비하면 50만분의 1입니다. 작은 돈 때문에 통제력을 잃었습니다. 울그락불그락하며 “이 놈의 자식” 하면서 분노와 적개심으로 목을 잡고 빚을 갚으라고 독촉을 합니다.

악한 종의 문제는 무엇인가요? 왜 작은 돈을 탕감해 주지 못했나요? 그것은 자신이 하나님께 어마어마한 빚을 탕감 받았다는 감각이 없었습니다. 그래서 용서를 하래야 할 수 없었습니다. 진정으로 사랑할 수 없었습니다.

즉 이 비유는 "하나님의 은혜를 날마다 새롭게 인식하고 그 사랑을 느끼지 않는다면 진정한 용서와 사랑이 불가능하다. 내가 엄청난 양의 빚을 탕감 받았다는 빚진 자의 의식이 아니고는 결코 남을 용서할 수 없다."는 용서의 실력을 알려 줍니다. 그리고 "너희들이 진정 하나님의 용서를 받았다면 사랑과 은총을 받았다면 50만분의 1되는 사랑과 용서를 뿜어내는 삶을 살아라."라는 사실을 명확하게 보여 줍니다.

여러분! 우리는 과연 용서의 사람인가요? 용서는 그렇게 단순하지 않습니다. 내 속에 용서란 그런 실력이 도저히 있을 수 없습니다. 본질적으로 하나님의 은총입니다. 인간은 하나님의 무한한 은혜를 받아들이고 이를 전달만 할 수 있는 존재입니다. 서로를 용서할 수 있는 용기는 어떻게 생기나요? 우리가 용서받은 사람들이라는 깨달음에서 나오는 겸손에서 비롯됩니다.[72]

나에게 상처 준 사람들을 용서하는 것은 쉽지 않습니다. 목사인 저에게도 말입니다. 권사의 직분을 가졌다 할지라도, 장로의 직분을 가졌더라고 용서의 실력과 비례하지 않습니다.

여러분! 이 길을 걷도록 하나님이 부르셨다는 사실을 믿으십니까? 하나님의 백성은 용서의 먼 길을 오늘도 내일도 걸어가는 자들입니다. 이 긴 여정에 어떤 고통을 당할지 아무도 모릅니다. 그러기에 용서는 결코 값싼 감정놀음이 아닙니다.

"너희가 누구의 죄든지 사하면 사하여질 것이요 누구의 죄든지 그대로 두면 그대로 있으리라 하시니라" 어! 이건 어떻게 해석을 해야 하나요? '용서하다'라고 번역 된 말은 '죄로 인해 묶인 매듭을 풀다'라는 뜻입니다. 우리가 용서로써 죄의 매듭을 풀면 풀리고, 용서하지 않으면 죄의 매듭이 그대로 묶여 있다는 뜻입니다.[73)](요한복음 20:23)

여러분! 가까운 사람부터 용서해야 합니다. 상처는 친밀감을 먹고 사는 기생충과 같아요. 그래서 가까운 사람을 더욱더 용서하기 힘들어요. 한 이불을 덮고 사는 아내, 한 어머니의 배에서 난 형제와 자매를 용서하는 것은 먼 친구를 용서하는 것보다 훨씬 어렵습니다. 그래서 나를 낳아준 어머니 아버지를 용서하는 것이 가장 어려운지 모릅니다.

교회 안에서도 얼마나 많은 사람들이 '진정한 용서'를 하지 못해 아픔을 느끼고 있습니까? 용서는 한번에 모든 것을 덮어주는 기적적인 사건이 아닙니다. 예수님께서 "490번이나 용서해야 한다."라고 하신 기나긴 여정을 걸어가야 합니다.

어느 누구도 용서를 한번에 다 할 수 있는 사람은 없습니다. 하나님의 용서가, 하나님이 나의 빚을 탕감해 준 사건이, 하나님의 은혜가 미쳐야 가능합니다. '1만 달란트의 빚을 탕감 받은 은혜를 아는 사람'으로 지각이 열리도록 기도하십시오.

하나님은 우리에게 1만 달란트라는 엄청난 은혜를 베푸시고 이 길을 가도록 부르셨습니다. 그래서 "참 인간이시면서 참 하나님이신 중보자 예수님이 일방적으로 십자가 길을 마련하셨잖아요."

먼저 '결단의 용서'로 한 걸음 걸으시고, '감정과 정서의 용서'로 또

한 걸음 걸으십시오. 내 몸으로 진짜 용서하며 사랑할 수 있는 데까지 나아갈 수 있도록 주님을 신뢰하면서 먼 길을 걸어가야 합니다. 성화의 영역에서조차 '용서'는 '신의 영역'에 속해 있습니다. 하나님의 은총이 절대적으로 필요합니다. 하나님의 은혜가 아니고는 도저히 험난한 용서의 길을 갈 수 없습니다. 용서하시는 하나님의 역장 안으로 들어오세요.

이 은혜를 진정으로 깨달은 사람만이 진실한 마음으로 "우리가 우리에게 죄 지은 자를 사하여 준 것 같이 우리 죄를 사하여 주십시오." 간구할 수 있습니다. 이미 하나님으로부터 용서받은 사람만이 진정한 용서를 할 수 있습니다. 그 '증거, 보증'으로 '또 다른 용서'를 할 수 있습니다. 우리가 남을 용서할 수 있도록 해 달라는 기도는 바로 지금도 여전히 하나님의 용서를 체험케 해달라는 기도입니다.[74] 이 무시무시한 기도로 저와 여러분 하나님의 역장(力場) 안에서 참된 승리를 누리시기를 바랍니다.

함께 읽으면 좋아요~!

성령충만에 실패한 이들을 위한 은혜
박영돈, SFC, 2008.

십자가와 탕자
케네스 베일리, 킹덤북스, 2013.

7장 '우리'에 관한 두 번째 간구 요약

1. 이 기도의 누가복음 구절에는 '죄'라고 표현되어 있지만, 마태복음 구절에는 '빚'으로 표현되어 있습니다. 이는 마태복음 18장 23-35절의 비유를 염두에 둔 것입니다.

2. 우리의 죄 용서는 자신의 공로나 행위 등 우리의 의로움에 기초하고 있지 않습니다. 이 기도는 죄를 용서해 달라는 간구가 아니라 이미 대가없는 하나님의 은혜로 죄 사함을 받은 성도가 매일 삶에서 회개와 사랑(용서)의 삶을 구하는 '성화'의 항목입니다.

3. 이러한 구도는 마태복음 18장 23-35절의 비유에서 잘 표현되어 있습니다.(임금이 10,000달란트 빚진 자를 용서 → 탕감받은 종이 100데나리온 빚진 동료를 용서하지 않음 → 임금이 노함)

4. 일상생활에서 용서 후에도 껄끄러움을 느낍니다. 우리는 용서해야 할 상황에서 무시와 냉대로 반응하거나, 미움과 증오를 가지고 그냥 살아가거나, 상대하기 귀찮음을 용서를 잘 한다고 포장하기도 합니다.

5. 예수님께서는 우리에게 하나님의 은혜를 날마다 새롭게 인식하고 그 사랑을 느끼는 것만이 진정한 용서와 사랑의 길임을 가르쳐 주십니다.

소그룹 질문

1. 누군가를 용서해 보신 적이 있나요? 반대로 절대로 용서할 수 없었던 사건이 있습니까? 밝히기 곤란한 일이 아니라면 서로의 경험을 나누어 봅시다.

2. 진정한 용서란 어떤 것일까요? 반대로 '용서'라고 말하지만 사실 진실한 의미에서 용서라고 할 수 없는 경우는 없을까요? 각자가 생각하는 상황이나 경험을 나누어 봅시다.

3. 지금 내 앞에 용서할 것인지 말 것인지 고민되는 상황이 있습니까? 심각하거나 사소하거나 상관없이 한번 다른 사람들과 나누어보면 도움이 될 것입니다. 이런 나눔에서 누군가 상처받지 않도록 실명과 민감한 사항은 빼는 것이 좋겠죠?

4. 용서하기 위해서는 먼저 그리스도께서 주신 구원으로 내가 하나님께 용서받은 자임을 깨달아야 한다는 사실을 배웠습니다. 머리로만 주님의 사랑을 깨닫는 사람이 아니라 주님이 내게 주신 사랑과 용서가 내 삶 속에 젖어 들어서, 나도 다른 사람을 용서하고 사랑할 수 있도록 마음을 모아 함께 기도합시다.

8

약(弱)한 인간이 악(惡)한 세상에서 살아남기

'우리'에 관한 세 번째 간구

καὶ μὴ εἰσενέγκῃς ἡμᾶς εἰς πειρασμόν, ἀλλὰ ῥῦσαι ἡμᾶς ἀπὸ τοῦ πονηροῦ.

우리를 시험에 들게 하지 마시옵고 다만 악에서 구하시옵소서

(마태복음 6:13)

신앙생활 중에 '시험 들었다'하는 표현을 자주 하시는데 이 말은 '부정적인 관용구'입니다. 그리고 학창 시절에 시험에 '시'자만 들어도 진저리 치셨던 분 있으시죠?

그런데 예수님께서 제자들에게 가르쳐주신 여섯 번째 간구가 '시험'입니다. 앞에 나온 다섯 개는 모두 '해 달라'는 긍정의 탄원입니다. 그러나 여섯 번째는 "하지 말라." 부정의 탄원입니다.

하나님 말씀은 정확무오(正確無誤)하다는 것을 믿고 '하나님! 우리에게 어떤 시험도 어떤 악도 오지 못하도록 철저하게 막아주세요.'라고 간구하시죠? 그런데 우리의 삶은 여전히 시험과 악이 있어요? 그럼에도 불구하고 이 기도는 왜 해야 할까요? 이런 의문을 풀기 위해 말씀 안으로 함께 들어가 보실까요?

먼저, 로마 가톨릭에는 "시험에 들게 하지 마소서"와 "우리를 악에서 건져 주소서." 두 가지로 구분합니다.[75] 하지만 우리는 문장 구조상, 내용상으로 서로 연결되어 있는 기도로 봅니다.

1. 원문의 의미: 본문의 문맥과 사역

1.1 '시험'(peirasmo,n)이란 단어를 어떻게 볼 것인가? 시련(trial), 시험(test) 유혹(temptation)

'시험'으로 번역된 헬라어 '페이라몬'이 신약성경에 동사와 명사를 합쳐서 약 60회 정도 사용되었습니다. 헬라어 어근이 같아서 각각의 문맥에 따라 한글은 달리 번역을 합니다.

> "시험을 참는 자는 복이 있나니 이는 시련을 견디어 낸 자가 주께서 자기를 사랑하는 자들에게 약속하신 생명의 면류관을 얻을 것이기 때문이라"(야고보서 1:12)

예전 번역은 "옳다 인정하심을 받은 후에"였지만 개역개정은 그 의미를 좀 더 의역해서 "시련을 견디어 낸 자"라고 번역을 했습니다.

이 문맥에서는 당장은 좀 힘들지만 결과가 더 좋은 것으로 나타난다는 '시련(trial), 역경'의 뜻입니다. 이어서 다음과 같은 구절이 나오죠.

> "사람이 시험을 받을 때에 내가 하나님께 시험을 받는다 하지 말지니 하나님은 악에게 시험을 받지도 아니하시고 친히 아무도 시험하지 아니하시느니라."(야고보서 1:13)

야고보 사도에 의하면 "하나님은 사람에게 시험을 주시는 주체도 아니고 악에게 시험 받는 대상도 아닙니다."

성경을 좀 읽으신 분이라면 이렇게 질문할 겁니다. "목사님! 구약에 하나님이 시험하시는 유명한 장면이 있잖아요?" "시험을 주는 주체가 누구냐?"에 따라 또 어떤 뜻이 있는지 살펴볼까요?

1.2 시험의 주체에 따라?

(1) 하나님이 시험(test)하시다?

"그 일 후에 하나님이 아브라함을 시험하시려고 그를 부르시되 아브라함아 하시니 그가 이르되 내가 여기 있나이다."(창세기 22:1)

누가 아브라함을 시험했다고요? 하나님. 야고보 사도와는 달리 "하나님이 우리를 시험에 들게 하려고 안간 힘을 쓰시는 분 같죠?"

전지전능하신 하나님은 아브라함이 하나님과 맺은 언약을 믿고 지킬 것을 모르셨을까요? 그런데도 하나님이 아브라함을 시험하신 이유는 마치 학생이 어느 정도 실력을 가졌는지 평가하는 시험(test)을 치르셨습니다. 즉, 아브라함의 '믿음'을 평가하기 위한 겁니다. 하나님께서 시험을 주시는 문맥에서 '시험'은 중립적 의미입니다. 합격자에게는 좋은 의미이고, 불합격자에게는 나쁜 의미입니다.

여러분! 어떤 시련 속에 있으세요? 어떤 믿음의 test 속에 있습니까? 이 기도문을 꼭 붙들고 성령 하나님의 도우심으로 모두가 '시련을 통과하여 정금과 같은 신앙으로' 믿음의 평가를 잘 통과하여 '합격'하는 성도가 될 수 있기를 바랍니다.

(2) 사탄이 유혹(temptation)하다.

그리고 창세기 3장에 보니까! 아담과 하와가 에덴동산에서 쫓겨나는데 첫째 아담은 사탄에게 처참한 패배를 당했습니다.

"그 때에 예수께서 성령에게 이끌리어 마귀에게 시험을 받으러 광야로 가사 예수께서 이르시되 또 기록되었으되 주 너의 하나님을 시험하지 말라 하였느니라 하시니"(마태복음 4장1절)

둘째 아담이신 예수 그리스도는 훨씬 더 열악한 환경에서 사탄에게 세 번이나 시험 당하셨지만 완승(完勝) 하셨습니다.

사탄이 시험을 주는 문맥에서 '죄를 범하도록 사람의 정신과 마음을 유혹하고 이끄는 힘 또는 어떤 일, 상태, 방법 또는 조건'을 말하는 '유혹(temptation)'의 뜻입니다.

(3) 하나님과 사탄 외: 세상과 자신의 연약함

또 시험을 주는 주체는 세상입니다. 세상의 가치관 혹은 세상의 유행이라 할 수 있습니다. 마태복음 19장 3절에서 그 당시 바리새인을 비롯한 악한 종교 지도자들은 예수님께 '어떤 연고로든지 남자가 아내를 버리는 것이 가능합니까?'라고 물었습니다. 이는 예수님께 어떤 가르침을 받고자 하는 의도가 아니었죠.

만약에 '예수님이 버릴 수 있다'고 말씀하시면 "예수님이 평소에 가르쳤던 사랑의 원리에 위배"됩니다. 또 '버릴 수 없다'고 하시면 '여자를 버릴 때에는 이혼 증서를 써주고 허락하라고 한 모세의 가르침'에 모순됩니다. 그러니까 예수님을 곤경에 처하기 위한 악한 의도를 가진 질문으로 시험한 것입니다.

또한 인간은 자신의 연약함 때문에 시험에 드는데 마태복음 26장

41절에 예수님이 겟세마네 동산에서 혼신의 힘을 다하여 기도하실 때 “너희는 깨어 시험에 들지 않게 기도하라”라고 부탁했지만 제자들은 잠들어 있었습니다. 예수님은 “마음은 원이로되 육신이 연약하도다.”라고 말씀하심으로, 인간의 연약함이 시험의 주체가 될 수 있음을 알 수 있습니다.

여러분! 멀리 볼 것도 없이 우리 마음 깊은 곳을 보세요. 질투, 음탕, 비방, 악독, 교만, 탐욕, 우매, 살인, 속임 등의 치열한 싸움터죠? 주기도문 문맥 안에서의 시험은 평가(test)라기 보다는 유혹(temptation)을 의미하겠죠?

성경학자 F.B 마이어는 “하나님은 우리를 시험하실 때 하늘로 끌어 올리는 시험을 하시고 사탄은 우리를 시험하되 아래로 끌어내려고 한다.”라고 정의를 했습니다.

1.3 시험에 든다는 것은? 데려가지 마시고(μὴ εἰσενέγκῃς)

이어서 ‘들게 하지 마옵시고’는 ‘빠지지 않게 하시고, 들지 않게 하시고, 데려가지 않게 하시고’의 의미입니다. 이 표현은 곡언법(曲言法, litotes)[76]이라는 수사기법 중 하나입니다. 표현하려는 것을 빙 둘러 말해서 뜻을 강조합니다.

예를들어 어느날 교역자들과 짬뽕이 먹고 싶어 중국집에 갔는데 “오늘은 제가 짬뽕을 먹으면 안 될까요?”라고 말한다면 이 말은 어떤 뜻입니까? 제가 강렬하게 짬뽕이 먹고 싶다는 겁니다. 그런데 눈치 없는 사람은 “전 탕수육 먹고 싶습니다.”라고 말한다면 눈치가 없는 사람이 됩니다.

"하나님께서 우리를 시험으로 인도하지 말아 주세요." 소극적 의미를 넘어 적극적으로 "하나님이 보호해 주세요. 더 나아가 하나님 나라와 의를 위한 삶을 살게 해 주세요." 하는 간청입니다.

1.4 '악'(τοῦ πονηροῦ)

'다만 악에서 구하옵소서'는 누가에 없고 마태에만 있습니다. 누가는 왜 생략했을까요? 시험에 빠지면 악의 결과로 나타나죠? 결국 악과 시험은 하나로 연결된다고 생각했기 때문입니다.[77)]

그리고 '악에서'를 번역하면 '그 악' 혹은 '그 악한 자에게서' 두 가지로 번역이 가능해요. 대부분의 학자가 '악한 자'로 번역을 합니다. '악한 자'는 악을 행하는 사람일 수 있고, 악의 원천 '사탄'을 의미할 수도 있습니다.[78)]

1.5 '다만'

끝으로 마치 '다만'이라는 단어가 건달꾼처럼 연결 되어 있습니다. 이 말을 마치 '해 주면 좋고 안 되면 말고요.'라는 뜻으로 오해할 수 있습니다. 헬라어로 'ἀλλα'는 '오히려, 그러나'라는 뜻의 접속사입니다. 굳이 해석을 하지 않는 단어이지만 여기서는 강조를 하기 위해 '오히려'라는 표현을 쓰면 더 맛깔납니다. 이를 토대로 직역을 하면,

καὶ μὴ εἰσενέγκῃς ἡμᾶς εἰς πειρασμόν, ἀλλὰ ῥῦσαι ἡμᾶς ἀπὸ τοῦ πονηροῦ.
그리고 데려가지 마십시오. 우리를 시험에, 그러나(ἀλλα 오히려) 우리를 구해주세요. 악(악한 자)으로부터

여러분! 여기까지 오시느라 수고하셨습니다. 이런 장황한 내용을 한 주간 책과 씨름해서 정리를 한 겁니다. 그런데 이미 개혁교회 신앙의 선배들이 우리에게 준 선물인 하이델베르크 요리문답은 더 잘 요약해 주고 있습니다. 함께 보실까요?

하이델베르크 제127문[79)]

문	여섯 번째 청원은 무엇입니까?
답	"우리를 시험에 빠지지 않게 하시고, 오히려 우리를 악한 자에게서 구하여 주십시오". 곧 이 청원은 "우리는 너무나 연약하여서 스스로의 힘으로 한 순간도 서 있을 수 없습니다. 게다가, ① 우리의 의 원수 곧 마귀와 ② 세상과 ③ 우리 자신의 육체가 끊임없이 우리를 공격합니다. 그러므로 당신께서 성령의 능력으로 우리를 유지시키시고, 강하게 하사, 이 영적 전쟁(戰爭)에서 우리가 최종적으로 완전한 승리를 얻기까지 패배당하지 않게 해주십시오"라고 구하는 것이다."

2. 기억해야 할 점: 전쟁과 의존과의 관계: 하이델베르크 문답

2.1 우리의 싸움 혹은 전쟁: 우리는 연약하여져서 스스로의 힘으로 한순간도 서 있을 수 없다.

하이델베르크 문답을 보니까 이 기도를 하는 자는 어떤 상황에 놓여 있습니까? '우리는 너무나 연약하여서 스스로의 힘으로 한순간도 서 있을 수 없는 자입니다.'

그 이유는 '불구대천(不俱戴天)의 원수 곧 마귀, 세상, 우리 자신의 육체가 끊임없이 우리를 공격하기 때문입니다.' 그렇습니다. 우리 삶에는 오늘도 내일도 이런 것들이 공격을 합니다.

이런 상황을 '영적 전쟁'이라고 합니다. 마치 우리가 쇳조각이 박힌 장갑을 끼고 원형 경기장에서 사나운 맹수와 죽느냐 사느냐 싸우는 그림입니다.

이때 기도자는 어떻게 이 기도의 내용을 마무리 짓습니까? 끝에 문장을 보시면 "당신께서 성령의 능력으로 우리를 유지시키시고, 강하게 하사, 이 영적 전쟁(戰爭)에서 우리가 최종적으로 완전한 승리를 얻기까지 패배당하지 않게 해 주십시오"라고 간청 합니다.

2.2 성령의 능력으로 우리를 유지시키시고, 강하게 하사,

우리가 적을 쓰러뜨리고 이기려면 나에게 강력한 무기가 있어야 합니다. 그리고 뛰어난 지략을 갖추고 용맹함이 있어야 하지 않습니까? 그래서 우리가 죄에 쓰러지지 않고 죄에 대항하여 이기려면 경건의 능력을 기르시고 죄와 유혹을 물리치는 방법을 연마하세요. 마음을 굳게 하고, 어지럽히는 눈의 유혹을 멀리하는 습관을 기르세요. 바로 이것이 중세의 수도원에서 쉼 없이 행했던 일들입니다.

새벽 3시, 4시에 일어나 기도를 합니다. 밥은 하루에 두 번 최소한의 양만을 먹습니다. 오전에는 밭에 나가 노동을 합니다. 식사시간에는 밥에 의해 마음이 빼앗길까봐 공동식당에서 한 사람이 나와 성경을 낭송합니다. 오후 시간은 온통 성경만 읽습니다. 혹 묵상을 게을리 할까봐 독방에 갇힙니다. 문도 없고 작은 창문 하나만 있는, 밖에서 자물쇠를 잠그도록 되어 있는 독방입니다.

이렇게 하고도 혹시라도 죄를 범할까 매일, 매주, 매월 수 시간에 걸쳐 죄를 토하는 고해를 합니다. 밤이 되면 상념이 죄를 짓게 할까봐 끊임없이 두려움에 떨면서 손목에 감은 묵주를 돌리고 또 돌리며 불면의 시간을 지냅니다. 죄와의 싸움을 처절하게 했었습니다. 그런데 노력하면 노력 할수록 죄의 유혹은 더 커져만 갑니다. 나의 노력으로 그것을 이기려고 할 때 죄의 산은 더욱더 크게 나를 잠식합니다.

"나 스스로의 노력을 할 수 있다. 나 스스로 설 수 있다."의 나 중심의 교만한 생각을 영적전투에서는 완전히 버리셔야 합니다. 교회에서 늘 생활하고 새벽기도부터 공예배에 참석하고 성경을 끼고 사는 목사들이 부패하는 이유는 무엇인지 생각해봅니다.

요리문답 마지막에 그러므로 "성령의 능력으로 우리를 유지시키시고, 강하게 하사," 오로지 성령의 능력만으로 주님이 우리를 매순간

붙들어 주셔야만 시험과 악에서 우리를 강하게 합니다!

그렇지 않으면 오랜 세월 동안 신앙의 경지에 이르렀다고 자부하는 하나님을 섬기는 성도나 교역자라도 미끄러져 죄에 빠질 수밖에 없습니다. 부패하고 더러운 인간이 될 수밖에 없습니다.

여러분! 어떤 경건과 어떤 신앙의 모양이 아니라 성령의 능력에 영적 전투에 승리할 수 있기를 바랍니다.

2.3 전쟁이 아니라 하나님께 의존하는 싸움

처절한 영적 전투에서 하나님께 "시험에 들지 않도록", "악에서 구해 달라고"하는 이 간절한 탄원은 '하나님 저 이런 시험 받고 있어요. 악에게 이렇게 유린당하고 있어요.' 상태만을 보고하는 것이 아닙니다.

이 기도의 목적과 방점은 '사탄의 세력', '죄 자체' 그리고 '전쟁 그 자체'에 있지 않습니다. 이 탄원을 드리는 진짜 의미는 '우리는 과연 누구를 의존하는가?'하는 문제입니다. 이 싸움은 궁극적으로는 나의 싸움이 아니라, 나를 위한 하나님의 싸움이셨습니다. 그러므로 이 기도는 '나의 힘으로 하느냐? 아니면 하나님께 의존하느냐?'로 승패가 갈리는 기도입니다.

2.4 하나님 편에서 이미 이긴 전쟁으로

여러분! 약한 인간이 악한 세상에서 처절한 영적 전투를 하고 있습니다. 이 때 하나님은 구경꾼으로, 제3자로 팔짱만 끼고 계실까요? 놀랍게도! 하나님께서는 이미 이 죄와의 전쟁을 치르셨습니다.

하나님께서는 역사 속에 자신의 사랑하는 독생성자를 우리에게 보내셨습니다! 삼위 안에서의 성부와 성자와의 위대한 관계를 끊으시기까지 하셨습니다. 그 아들이 "나의 하나님, 나의 하나님, 어찌하여 나를 버리셨나이까!" 라는 외침을 들으시면서까지 이 죄를 미워하셨고 도말(塗抹)하셨습니다.

여러분! 우리가 이 여섯째 간구를 아뢸 때 반드시 기억해야할 것은! 이 기도가 '마치 전쟁을 처음 하는 것처럼', '아직 전쟁이 끝나지 않은 것처럼', '우리가 지금 여기서 기도하는 것을 통해 전쟁이 좌지우지되는 것처럼' 기도하는 것이 아닙니다.

하나님은 이미 전쟁에 승리하신 분입니다. 신실하신 분이십니다. 우리의 대장 예수 그리스도로 말미암아 이미 끝난 전쟁입니다.

예전에 저는 관광용 잠수정을 탄적이 있습니다. 물밑으로 조금 내려가는가 싶더니 '수압 때문에 더 이상 내려가지 못한다.'는 방송이 나왔습니다. 그런데 창밖에 물속에는 잠수정에 비하면 너무나 조그마한 물고기들이 꼬리를 흔들고 헤엄쳐 다니는 게 보였습니다. 아니 이렇게 두꺼운 쇳덩어리가 수압 때문에 더 이상 못 내려간다는데 저 조그마한 물고기는 뭐지? 하는 생각이 들었습니다. 아무리 큰 쇳덩어리라도 잠수정은 생명이 없기 때문에 수압을 이길 수 있는 압력을 뿜어내지 못하지만 반면에 아무리 작아도 물고기는 생명이 있어 그 속에는 하나님이 주신 압력을 이기는 힘이 있습니다.

이 기도는 이미 승리하신 예수 그리스도를 전적으로 붙드는 간구입니다. 당신의 나라를 위하여 신실하게 싸우는 모든 사람들을 지키고 보호하시는 하나님이심을 믿으십시오. 전쟁은 '하나님의 편'에 서면 무조건 이긴 전쟁입니다. 이 기도문의 참된 맛을 누리므로 승리의 개가를 울릴 수 있기를 바랍니다.

3. 생각할 점

3.1 영적 전쟁터와 같은 현실에서 몸부림 치기

여러분! 삶의 현장을 볼까요? 우리네 먹고사는 문제가 왜 이렇게도 어려울까요? 배울 것도 너무 많고, 익힐 것도 무궁무진합니다. 삶 곳곳에 돌부리가 튀어 나와 있고, 가는 곳마다 위험의 수렁이 놓여 있습니다. 우리는 그 한 가운데를 아무 것도 모른 채 그냥 지나갑니다.

그러다 갑자기 건강이 나빠지고 잘 되던 사업이 폭삭 망합니다. 뜻하지 않은 고난들이 첩첩산중으로 둘러칩니다. 한때는 간과 쓸개를 떼어줄 것 같았던 동료들도 손가락질 하며 하나 둘 떠나 버립니다.

아무리 정신 차리고 똑똑하게 살려고 해도 실수하고 실패합니다. 손과 발에 힘이 빠지고 무력감에 주저앉습니다. 나도 모르게 열등감에 사로잡힙니다. 죄를 지은 수치감으로 질척거립니다. 절망과 좌절에 깊이 빠져 듭니다. 시험과 악이라는 폭풍 가운데 떠 있는 일엽편주(一葉片舟)와 같은 고독한 신세로 전락할 때 정말 죽고 싶은 심정이 듭니다.

그래도 몸부림치며 주님의 나라와 영광을 위하여 살려고 하죠? 그럴수록 현실은 더 큰 환란과 시련이 큰 파도처럼 덮쳐옵니다. 이때 사단이 얼마나 커 보이는지요. 도저히 세상을 이길 수 없을 것 같아요.

3.2 우리의 연약함을 깨닫기

혹시 이런 상황 속에 있는데도 불구하고 "이 정도면 괜찮아!"하는 생각을 하지 않으세요? 교만함이 있지는 않으세요? 너무나 많은 그리스도인들이 마귀와 세상과 자신의 연약함에 동화되어서 더 이상 이들과 맞서 싸우려 하지 않습니다. "죽은 개를 차는 법은 없다"는 속담이 있습니다. 그냥 두어도 하나님과 상관없이 살며 자신의 욕심대로 사는 사람에게 사탄은 아무 일도 하지 않습니다. 이미 그의 밥이 되었기 때문입니다.

여러분! 이 기도문은 "순탄한 삶을 살게 해 주세요. 아예 죄의 유혹을 받지 않게 해 주세요. 어떤 시험도 받지 않게 해 주세요"하는 소극적 기도가 아닙니다.

영적 전투 속에서 나의 연약함을 직시해야 합니다. "아! 나는 이런 존재밖에 되지 않는 구나. 물질과 사람을 의지해서는 안 되는구나! 나는 하나님의 은혜가 아니고서는 단 한 날도 단 한 시도 단 일초도 살아갈 수 없습니다. 정말이지 하나님을 의지하고 하나님께 기도하지 않고는 단 하루도 안심하고 살아갈 수 없는 곳이 세상이고 우주 아닙니까? 성령 하나님의 절대적인 도움이 필요합니다. 나를 불쌍히 여겨 주십시오. 성령의 능력으로 강하게 해 주세요. 승리하게 해 주세요." 라고 하는 탄원입니다.

나의 온 마음을 주님께로 집중하고 의존하며 살아가는 기도문이 여러분의 입술의 기도가 되기를 소망합니다.

3.3 나의 기도문이 아니라 우리의 기도문으로

깔뱅은 시험을 아주 날카롭게 '오른 편'과 '왼 편', 두 범주로 나누어 설명합니다. 오른편에서 오는 시험은 '부, 권력, 명예' 따위로 하나님이 필요 없다고 생각하는 죄에 빠지게 몰아가는 유혹입니다. 그리고 왼편에서 오는 시험은 '가난, 수치, 멸시, 고통'처럼 소망을 완전히 꺾어버리고 절망하게 하고, 분노에 차서 하나님에게서 등을 돌리게 만드는 시험입니다.[80] 혹시 여러분은 오른 편, 왼 편 중에 어떤 시험에 빠져 있으신가요?

혹시 부패한 교회와 목회자에게 실망하신 분은 없습니까? 진실하고 깨끗한 생명의 말씀과 예수님을 따르는 삶을 사는 교회를 찾고자 이리저리 방황하는 분은 없습니까? 오늘날 세속의 유혹과 시험은 무서운 불길로 교회를 향해 달려들고 있습니다. 교회가 세속의 불길에 휩싸인 채 온 몸이 타들어 가지만 느끼지 못하는 교회가 많습니다.

이런 것들에 실망한 나머지 소위 '가나안' 성도들, 즉 교회에 '안 나가'는 신자들이 점점 더 늘고 있습니다. 앞으로 교회가 좀 더 성경에 근거하고 하나님이 기뻐하시는 교회로 개혁되어지기를 원하신다면 '시험에 들게 하지 마시옵고'의 이 기도는 지금 우리에게 가장 간절하고 절박한 기도입니다.[81]

이 기도는 비겁한 자가 토굴을 파고 들어가 드리는 기도가 아닙니다. 악이 판치는 이 세상에서 약한 인간이 악한 세상에서 절실하게 매일 매일 드리는 기도입니다.

영적으로 깨어 하나님의 뜻을 찾고 그 뜻을 실천하려는 사람에게 사탄은 공격을 멈추지 않습니다.

> "끝으로 너희가 주 안에서와 그 힘의 능력으로 강건하여지고 마귀의 간계를 능히 대적하기 위하여 하나님의 전신 갑주를 입으라 우리의 씨름은 혈과 육을 상대하는 것이 아니요 통치자들과 권세들과 이 어둠의 세상 주관자들과 하늘에 있는 악의 영들을 상대함이라 그러므로 하나님의 전신 갑주를 취하라 이는 악한 날에 너희가 능히 대적하고 모든 일을 행한 후에 서기 위함이라"(에베소서 6:10~13)

하나님이 주시는 무기로 무장하고 믿음의 형제자매들이 연대할 때 그 어떤 공격도 우리에게는 위협이 되지 않습니다. 이 점에서 이 기도문은 교회론 위에서 드리는 기도입니다. 그래서 "나를 시험에 들게 하지 마시고"가 아니라 "우리를 시험에 들게 하지 마시고"라고 기도합니다.

이런 점에서 신앙고백적 공동체로서 교회는 참 중요합니다. 믿음 안에서 진실하게 삶을 나누는 신앙의 공동체, 예수 그리스도 안에서 한 몸이 되어서 이 기도에 동참해 주십시오.

"하나님! 우리교회가 마귀와 세상과 우리의 연약함으로 주저앉는 교회가 되지 않게 해 주세요. 우리 힘의 근원이 바로 하나님이십니다.

하나님을 의지하며 살겠습니다. 당신께서 성령의 능력으로 유지시켜 주시고 강하게 붙들어 주세요. 그래서 하나님의 이름이 영광 받는 교회가 되게 해 주세요. 이런 의지를 통하여 도덕적, 영적 승리를 살 수 있도록 해 주십시오. 때로 악한 자의 손에 떨어져 시련과 환난을 당해도 그 악한 자에게 항복하지 않고 하나님의 도우심으로 그 손아귀에서 빠져 나오게 해 주십시오. 오히려 때로 유혹에 넘어져도 오뚝이 같이 다시 일어나 하나님 나라와 의를 위해 살아가게 해 주십시오." 라는 적극적 고백을 함께 해 주십시오.

이때 성도와 교회는 시험에 빠지지 않습니다. 빠지더라도 지지 않습니다. 혹시 지더라도 다시 일어날 수 있습니다. 악한 자에게서 벗어날 수 있습니다.

여러분! 약한 인간이지만 악한 세상에서 주님을 섬기고 하나님 나라의 소명을 따라 살아가기를 소원하십니까? 그렇다면 두려워하지 마십시오. "밥을 주세요. 용서해 주세요. 시험으로 데려가지 마시고 모든 악에서 우리를 건져 주세요."라고 기도하십시오.

하나님의 마음은 이미 넓게 열렸습니다. 이제 우리 인간의 좁은 마음을 열 차례입니다. 마음의 창을 여십시오. 여러분의 의존심을 마음껏 발휘하십시오. 예수님을 보내신 하늘의 아빠께 여러분의 마음을 드리세요.

주기도문은 입술로 하는 게 아니라 삶으로 드려야 합니다. 약한 인간이 악한 세상에서 살아남기 위해, 하나님 나라와 그의 의를 이루어 드리기 위해 치열하게 주기도문의 삶을 사시기를 소망합니다.

함께 읽으면 좋아요~!

고난의 영웅들

존 파이퍼, 부흥과개혁사, 2005.

욥기설교

박영선, 영음사, 2017.

8장 '우리'에 관한 세 번째 간구 요약

1. 성경에서 하나님이 시험하시는 것처럼 보이는 구절은 중립적인 의미로 우리의 믿음을 평가하는 테스트(Test)입니다.
2. 때로는 사탄이 죄를 범하도록 사람의 정신과 마음을 유혹하기도 하고, 세상과 자신의 연약함 때문에 시험에 들기도 합니다. 이 기도에서 말하는 시험은 바로 이러한 뜻에서의 시험(temptation)입니다.
3. 시험에 든다는 간구는 단순히 "시험으로 이끌어 가지 말라"는 소극적 의미를 넘어서 하나님 나라와 의를 위한 삶으로 보호와 인도를 구하는 적극적인 간청입니다.
4. 우리는 연약해져서 스스로의 힘으로 영적 전쟁에서 승리할 수 없습니다. 성령 하나님께서 능력으로 우리를 유지시켜 주시고 강하게 해 주시지 않으면, 아무리 혹독한 훈련과 오랜 신앙생활을 했다 할지라도 죄에 빠질 수밖에 없습니다.
5. 그래서 거룩한 삶은 사탄 또는 죄에 대한 '전쟁'이 아니라 얼마나 하나님께 의존하느냐에 따라 승패가 갈리게 됩니다. 이미 예수 그리스도로 말미암아 이미 승리한 전쟁이기 때문입니다.
6. 이 기도는 나 혼자 싸우는 기도가 아니라 신앙고백적 공동체로서 교회전체의 거룩함을 위한 간구이기도 합니다. 성도는 우리교회 나아가 모든 교회가 유혹에 맞서 싸우고 하나님을 의지하도록 간구할 책임이 있습니다.

8장 '우리'에 관한 세 번째 간구 | 소그룹 질문

1. 신앙생활 중에 영적인 시험이나 죄악에 빠졌던 적이 있습니까? 밝히기 불편하지 않으시다면 각자의 경험을 나누어볼까요? 그리고 어떻게 헤쳐 나올 수 있었는지에 대해서도 각자의 방법과 노하우를 공유해 봅시다.

2. 이미 예수님을 믿는 우리는 하나님의 자녀입니다. 그럼에도 불구하고 여전히 우리에게 연약함이 있고 시험과 죄악이 허용되는 이유는 뭘까요? 각자의 생각을 나누고 토론해 봅시다.

3. 오늘날 나와 사월교회, 조국교회, 나아가 세계의 보편교회가 직면하고 있는 영적인 도전은 어떤 것이 있을까요? 우리는 무엇과 싸워나가야 할 지 구체적인 문제들을 서로 공유하면서 고민해 봅시다.

4. 세상 가운데 그리스도인으로 살아가는 삶은 그 자체가 영적인 전쟁입니다. 여기서 어떻게 승리할 수 있을지 각자가 생각하는 상황과 지혜로운 방법들을 나누어 봅시다.

9

송영(頌詠)에서 송영(頌榮)으로

주기도문을 마치며

ὅτι σοῦ ἐστιν ἡ βασιλεία καὶ ἡ δύναμις καὶ ἡ δόξα εἰς τοὺς αἰῶνας. ἀμήν.

나라와 권세와 영광이 아버지께 영원히 있사옵나이다 아멘

(마태복음 6:13)

혹시 회 좋아하세요? 물고기를 잡아서 그대로 먹을 수 없습니다. 펄떡펄떡 대는 활어를 잡아 제일 먼저 하는 일은 '비늘'을 벗기는 일입니다. 그리고 "뽀얀 살을 발라서 한 점을 초고추장 찍어서 입안에 딱 넣으면 끝!" 주기도의 마지막 '송영'을 맛보려고 하는데요? 여기에 몇 가지 의문의 비늘이 있습니다.

① 먼저, 송영(doxology)은 이상하게도 성경에 ( )괄호로 묶여져 있죠?
② 그리고 마태복음 6:13에 기록되어 있지만 병행구절인 누가복음 11:4에 없어요.
③ 그리고 우리는 "대개"라는 말을 사용합니다. 하지만 성경본문을 보니 있어요? 없어요? 없죠? 여러분! 신앙생활을 하시면서 수없이 주기도문을 외웠지만 이런 의문을 가져 보신 적 있으세요?

1. 마지막 송영(誦詠)에서 두 가지 질문

1.1 성경의 눈으로: 왜 성경에 괄호가 있는가? (난외주)

먼저 첫 번째 비늘, 왜 괄호로 묶여져 있을까요? 4)라는 숫자 표시가 보이시죠? 각주를 보세요? "고대 사본에 이 괄호 내 구절이 없음" 이 말을 이해하려면 신약 본문의 형성사를 이해해야 합니다.

결론적으로 말하면, 신약 성경27권의 저자가 쓴 원본은 모두 사라졌습니다. 그 대신 우리 손에는 정경(正經)을 기록하기 전에 원본을 베껴 쓴 여러 성경 사본(寫本)만 남아 있습니다.

어떤 성경 사본에는 기록되어 있지만, 어떤 성경 사본(시내산 사본, 바티칸 사본, 베자 사본이라고 불리는 권위 있는 희랍어 성경의 사본들)에는 기록되지 않을 수도 있습니다. 그 차이를 난외주를 달아서 알려줍니다. 참고로, 헬라어 성경에는 아예 각주로 되어 있습니다.

이런 질문을 하겠죠? "목사님, 성경 사본에 구절이 있을 수도 있고 없을 수도 있다면 어떻게 정경으로 선택합니까? 그리고 번역할 때는 어떻게 하나요?" 상식적으로 생각해 본다면, 인쇄술이 발달하지 않았던 때 손으로 직접 필사를 했습니다. 필사자들이 성경을 기록할 때는 목욕재계(沐浴齋戒)하고 한 점 한 획을 쓸 때 엄청난 집중력과 주의를 기울였습니다. 그렇다면 〈일부로 임의로 고의로〉 필사자들이 성경 구절을 만들어 넣었겠습니까?"

개혁주의 전통에 있는 학자들 깔뱅, 로이드 존스 목사 등은 "원칙적으로 구절이 없는 것보다는 구절이 있는 사본을 더 신뢰합니다. 이런 첨삭은 복음서의 권위를 떨어뜨리는 것이 아닙니다. 오히려 복음이 살아 있다는 증거라 할 수 있습니다."는 견해를 갖습니다.

성경의 렌즈로 봤으니, 이제 역사적 전통의 렌즈 하나 더 끼워 볼까요?

1.2 마태에는 있지만 왜 누가에는 없는가? 주기도문은 언제나 송영과 함께 드려졌다.

두 번째 비늘, 송영이 마태에는 있지만 왜 누가에는 없을까요? 유대인 전통에 기도나 예배의 끝에는 항상 관습적으로 송영(頌詠)을 했습니다. 시편을 봐도 '마지막 도장'과 같이 한 번 더 하나님을 찬양하고 마쳤습니다. 비유하자면, 대표 기도가 끝난 후 찬양대가 응답송을 부르는 것과 같은 식입니다.[82)]

여러분! 마태복음의 1차 독자는 누구였죠? 유대인들 송영을 기록하는 게 자연스러웠겠죠. 이게 초대교회에 고스란히 남아 있었습니다. 송영과 관련해 우리의 이해를 돕는 예를 찾아볼까요?

> "주께서 나를 모든 악한 일에서 건져내시고 또 그의 천국에 들어가도록 구원하시리니"(디모데후서 4:18)

여기까지가 주께서 제자들에게 가르쳐 주신 기도문의 요약입니다. 그리고 무엇이 붙어 있죠? "그에게 영광이 세세무궁토록 있을지어다 아멘" 송영(頌詠)이 나옵니다.

이처럼 송영은 공적인 예배 의식(Liturgy)에서 사용되다 보니 마태의 기도문이 적합한 형태로 선택되었습니다. 그래서 우리는 마태복음판으로 기도문을 채택하는 이유입니다.

20세기 저명한 신약학자 요아킴 예레미아스(Joachim Jrermias)는 이 문제에 대해 이렇게 말합니다. "예수님은 주기도에서 송영을 말씀하지 않았지만, 송영을 드리는 것에 대해서는 찬성하셨음에 분명하다." 미국과 유럽의 몇 몇 교회에서는 송영을 하지 않는 곳도 있습니다. 하지만 주기도문의 내용과도 부합하고 좋은 신앙의 전통입니다. 그리고 그 뜻을 분명하고 더 풍부하게 표현해 내기에 우리도 계속 받아서 사용합니다.

1.3 "대개"라는 단어를 써야 하는가 말아야 하는가?

세 번째 비늘은, "대개"라는 단어입니다. 지금 우리가 사용하는 찬송가 635, 636장에는 주기도문 찬송에 "대개"라는 가사가 있습니까? 없습니까? 물론 곡의 흐름 때문에 "대개"라는 가사를 그냥 두었는지 모릅니다.

사실 "대개"라는 번역은 한국 교회 역사에서 여러 번 우여곡절을 겪었는데요.

① 성경- 최초로 신약성경 전체가 완역된 1901년에 "대개"라는 단어가 있었습니다. 그때는 주로 중국어 성경을 참조하여 번역했기 때문입니다. 1964년 한글맞춤법 통일안에 의해 새로 개정된 한글판부터 "대개"가 빠졌습니다. 그 뜻이 "대충, 대체로, 부분만을"이라는 의미로 잘 못 전달 될 수 있다는 이유 때문이었죠?

② 찬송가- 1949년에 편찬된 [합동찬송가]에는 '대게'라는 단어가 있었습니다. 그래서 모든 교회에서 '대게'라는 말로 송영을 시작했습니다. 그런데 1967년 일부 교단에서 [개편찬송가]를 발행

하면서, '대개'를 삭제했습니다. 문제는 초교파 연합 예배를 드릴 때였습니다. 주기도를 드릴 때 한 목소리로 박자를 잘 맞추어 나가다가 송영에서 갑자기 박자가 무너졌습니다. 그래서 다시 1983년 [통일찬송가]가 나오면서 '대개'가 다시 들어갔습니다.[83) 왜 이 단어를 넣었다 뺐다 했을까요?

③ 헬라어 원문 번역에서

(῞Οτι σοῦ ἐστιν ἡ βασιλεία καὶ ἡ δύναμεις καὶ ἡ δόξα εἰς τοὺς αἰῶνας 'Αμήν)

헬라어 원문에 접속사 "호티"(Oτι)라는 단어가 분명 있습니다. 영어성경을 보시면 "For"라는 접속사로 번역을 했습니다. 두 가지 정도로 ① 앞 문장과 뒷 문장을 연결하면서 '왜냐하면, 그러므로'란 뜻이 있습니다. ② 관계대명사절을 이끌 때 '아무 뜻 없이' 쓰입니다.

우리가 보통 쓰는 '대개(大概)'는 '대충, 혹은 대강'의 뜻입니다. 주기도문에서 쓰는 '대개(大蓋)'는 '일의 큰 원칙을 말하건대'라는 뜻입니다.

"성경 말씀을 일점일획이라도 더하거나 빼서는 안 된다. 문자적으로 번역해야 한다."는 측면에서 어떤 말로든 번역을 해야겠죠? 그래서 선택한 단어가 '대개'였습니다. 그리고 헬라어 원문을 보거나 신학적인 의미로 볼 때 "지금까지 우리가 이러 이러한 기도를 했는데, 그렇게 기도할 수 있는 것은 왜냐하면 나라와 권세와 영광이 아버지께 영원토록 있기 때문입니다. 아멘"

이렇게 주기도문 모두를 담아내는 선언으로서, 주기도문을 한 번 더 정리하며, 하나님께 감사하며 찬양하며 끝을 맺는 게 자연스럽습니다.

여러분들은 다른 곳에 가서 이걸 해야 하니 말아야 하니 싸우시면 안 됩니다. 연합회에 가시면 옆 사람에게 물어 보시고 그냥 거기에 맞춰 주시면 됩니다.

자 이제 두 가지 비늘을 벗겨봤으니 그 내용 살점을 맛 봐야겠죠? 주기도문 전체 맥락과 맞대어서 살펴볼까요? 주기도문의 송영은 우리가 사용하는 어휘 중에서 가장 무게 있는 세 단어 '나라, 권능, 영광'을 한 데 묶습니다.' '나라와 권세와 영광'은 세상이 아주 좋아하죠. 그러기에 1세기 기독교인들이 기도문을 사용했다는 것은 매우 위험천만한 일이었습니다.[84)]

2. 나라와 권세와 영광 그리고 아멘

2.1 기도의 이유(理由) - 하나님 나라(ἡ βασιλεία)

여기서 '나라'는 대한민국, 일본, 미국 등 지역, 영토만을 말하는 게 아닙니다. 앞서 "나라가 임하시오며"에서 강론하였듯이, "하나님의 주권, 하나님의 통치권, 다스림"을 의미합니다.

1세기는 팍스 로마나(Pax Romana)의 정신이 온 세계를 지배 했습니다. "모든 나라가 로마 황제에게 속했다. 로마 황제의 다스림 아래

들어와야만 진정한 평화를 누릴 수 있다."고 선전했습니다. 그러므로 모두 다 "나라가 로마 황제의 것입니다." 하는데 기독교인들은 "나라가 아버지께 영원히 있습니다."는 기도를 합니다. 그러니 로마 정부에 그리스도인들이 눈엣 가시입니다.[85)]

2.2 기도응답을 확신하는 근거 - 하나님 권세(ἡ δύναμεις)

이어서 나오는 "권세"라는 단어는 헬라어로 "뒤나미스"입니다. "권위"(authority)의 뜻이라기보다는 "권능, 능력"(power)으로 번역할 수 있습니다. 후대 영어로는 "다이너마이트, 다이내믹" 등으로 파생됩니다. "아주 강력한 능력, 힘"을 의미합니다.

이 송영이 고백되던 당시, "모든 길은 로마로 통한다."는 속담이 있을 정도로 로마 제국은 막강한 능력으로 세상을 호령하고 있었습니다. 이런 상황에서 하나님을 믿는 사람들은 "권능과 힘과 권력은, 로마가 아니라 하늘 아버지께 영원히 있습니다."라고 고백했습니다.

오늘날 한국교회가 성도가 이런 혁명적 기도와 노래를 정확하게 하고 있습니까? 오히려 교회가 세상의 권세자들에게 아부하기 바쁘지 않나요?

책 출판하는 기념 예배라고 하고, 큰 체육관에 많은 사람들이 모여 기도회를 합니다. 수많은 화환들이 즐비하고, 예수를 믿지도 않는 정치인들 인사시키며 추켜 세워주는 행태를 하지 않나요?

우리는 로마 가톨릭을 향해 교리가 틀렸고 교황으로부터 사제에 이르기까지 계급화된 권력을 가졌다고 엄청 비판합니다. 그런데 중세

시대를 타락시켰던 것보다 작금의 기독교 장로교라는 정치를 가진 우리가 이런 저런 선거에 금권과 계급주의가 난무하지는 않나요? 더 계급화 된 구조로 교회의 갈등을 빚지는 않습니까?

여러분 교회 안을 보세요. 교회 성장 지상주의는 기독교 신앙의 근본마저 허물어 버릴 듯한 기세로 군림하고 있습니다. 교회 건물 자체가 곧 나라요. 권세요. 영광이 되려고 합니다.

신학후보생들을 만나보면, "목사님! 어떻게 하면 큰 교회를 만들 수 있죠? 어떻게 하면 설교를 잘 해서 교인들을 들었다 놨다 할 수 있을까요? 어떻게 하면 성도들이 뿅 가는 프로그램을 잘 만들어서 숫자를 늘릴 수 있을까요?" 이 질문을 합니다.

매일매일 직장 생활을 하면서 혹은 아이들을 기르면서 "모든 주권과 통치권자는 하나님 우리 아버지이십니다. 우리는 그의 주권과 통치를 받고 살겠습니다." 이 기도의 삶을 살고 계신가요?

'나라는 로마의 것이니 지금 힘 있는 현실 세계가 바로 나라입니다. 이 나라에서 잘 살기 위해 하나님 이것 필요하고요. 이것 해결해 주셔야 하고요.' 하는 식으로 나를 위해 무엇을 청구하는 기도로 일관하지 않습니까?

노도(怒濤)가 이는 삶의 현장에서 급격한 시류(時流)로 소용돌이치는 이 세상에서 믿음의 선배들, 믿음의 용장(勇壯)들은 어떻게 기도를 했는지 확인해 볼까요?

먼저, 다윗의 기도를 보겠습니다.

"여호와여 위대하심과 권능과 영광과 승리와 위엄이 다 주께 속하였사오니 천지에 있는 것이 다 주의 것이로소이다 여호와여 주권도 주께 속하였사오니 주는 높으사 만물의 머리이심이니이다 부와 귀가 주께로 말미암고 또 주는 만물의 주재가 되사 손에 권세와 능력이 있사오니 모든 사람을 크게 하심과 강하게 하심이 주의 손에 있나이다"(역대상 29:11~12)

그리고, 신약에 사도 바울의 기도를 보면,

"그의 힘의 위력으로 역사하심을 따라 믿는 우리에게 베푸신 능력의 지극히 크심이 어떠한 것을 너희로 알게 하시기를 구하노라"
"그의 능력이 그리스도 안에서 역사하사 죽은 자들 가운데서 다시 살리시고 하늘에서 자기의 오른편에 앉히사"(에베소서 1:19~20)

이러한 능력을 가지신 분이 우리 하나님 아버지이십니다. 그러므로 우리가 하는 모든 기도를 넉넉하게 응답해 주십니다. 그러고도 잔돈이 남으시는 분이시죠. 그러니 우리의 기도가 좀 어눌해도 언변이 좀 부족해도 나라와 권세를 가지신 그분이 다 응답해 주신다는 데서 얼마나 큰 감격이 있습니까?

교회가 사람의 힘에 좌지우지 되어서는 안 됩니다. 우리는 주님의 몸 된 거룩한 교회가 세상의 원리가 틈타지 않게 목숨 걸어야 합니다. 우리 모두가 '나라와 권세가 영원히 하나님께 있습니다. 교회는 영원히 하나님의 주권 아래 있습니다.' 기도할 수 있어야 합니다.

2.3 기도의 목적 - 하나님의 영광(ἡ δόξα)[86]

시험에 일등하고 훈장을 받을 때 사람들은 영광스럽다고 합니다. 누구나 존경 받기 원하고 자신의 존재가 무겁게 그리고 중요하게 인정받기를 원합니다. 이것이 우리, 나의 본성입니다.

빌라도가 유대 총독으로 있으면서 왜 여러 번 무리수를 두었습니까? 자신도 황제처럼 더 큰 영광을 받고 싶었기 때문입니다. 이런 상황에서 초기 기독교인들은 "왕들에게는 영광이 없다. 영광은 오로지 하나님께 있다."

이 고백은 세상 왕을 영광의 자리에서 끌어내리는 고백이었습니다. 왜냐하면 영광은 오로지 하나님께만 붙일 수 있는 개념이었습니다.

> "말씀이 육신이 되어 우리 가운데 거하시매 우리가 그의 영광을 보니 아버지의 독생자의 영광이요 은혜와 진리가 충만하더라"(요한복음 1:14)

기독교는 세상종교와 근본적으로 다릅니다. 이 세상종교는 내가 신을 찾아가는 노력을 하고 열심입니다. 하지만 기독교는 하나님께서 우리를 찾아오셨습니다. 하나님께서 친히 우리의 아버지가 되셔서 다스리십니다. 그 분만이 무거운 존재요 그 분만이 영광이십니다. "나라는, 권능은, 영광은" 오로지 주께만 있습니다.

우리가 돈과 성공을 구하는 기도를 하는 것까지 좋았으나 막상 돈이 생기고 출세하니까 나도 모르게 안하무인이 됩니다. 그것을 주신 하나님을 잊어 버리고 내 힘과 수고와 땀으로 되었다고 생각합니다. 교만해지고 죄를 지으며 감당 못하고 인생이 망가지는 경우를 종종 봅니다.

목회자라고 예외가 아닙니다. 조금만 교회가 잘 되고, 조금만 교회가 성장하고, 조금만 교인들에게 인정받으면 모든 영광의 방향 속에 "내가" 있습니다. 그래서 나도 모르게 무소불위의 권력을 가진 자로 착각합니다. 교회의 주인이 예수님인 걸 망각한 채 자기 마음대로 할 수 있다고 생각합니다.

여러분 사도 바울은 어떻게 영광을 이해하는지 성경 한 구절 볼까요? 우리 기도의 최종적인 목적지가 어디인지 논리적 순서를 잘 보세요.

> "우리 하나님과 주 예수 그리스도의 은혜대로 우리 주 예수의 이름이 너희 가운데서 영광을 받으시고 너희도 그 안에서 영광을 받게 하려 함이라"(데살로니가후서 1:12)

"먼저, 예수 그리스도의 이름이, 그리고 난 다음 너희도 그 안에서 영광 받게 하신다." 결국 우리가 받는 영광조차도 예수 그리스도 안에서만 가능합니다. 우리 기도의 최종적인 목적은 "영광이 영원토록 아버지의 것입니다."

결국 우리가 하나님의 영광을 위해 살면 하나님께서 우리의 인생을 존귀하게 세워 주십니다. 송영을 통해 이와 같은 은혜가 여러분에게도 함께 임하시기를 바랍니다.

2.4 기도의 보증 - 아멘('Αμήν)

이제 주기도문 종결어 "아멘"을 봅시다. 원래 히브리어 "아만"을 헬라어로 음역하여 "아멘"으로 부른 것입니다. 일반 대화에서 뜻은 "진실로" 혹은 "확실히"라는 뜻으로 쓰입니다. 그리고 기도의 응답으로서 아멘은 두 가지 의미가 있는데요.

① "진실로 그렇습니다." 누군가 대표로 기도할 때 '아멘'으로 응답했다면 "저의 마음도 참 그렇습니다."라고 고백하는 겁니다. 그러므로 '아멘'이라는 응답은 '기도가 끝났다는 신호'가 아니라 '드려진 기도에 마음을 쏟아 붓는 행동'입니다.
② "그대로 되기를 바랍니다."입니다. 기도는 하나님께 모든 책임을 전가시키는 게 아닙니다. 오히려 기도는 하나님의 뜻을 이루기 위해 책임을 떠맡는 행동입니다. 그렇기 때문에 "참된 기도는 눈을 뜨면서부터 시작된다."고 말합니다.

그런데 이 말은 『긍정의 힘』을 쓴 조엘 오스틴류의 신앙이나 '자기 확신, 자기 신념, 자기 암시, 긍정적인 심리, 기대감'에서 나오는 기계적인 고백이 아닙니다. 우리의 간절한 소원도, 결단의 표시도 아닙니다. 그리고 나의 신앙이 얼마나 쎈가? 내가 말씀을 얼마나 잘 이해하는가?" 하는 눈금자가 아닙니다.

"하나님의 약속은 얼마든지 그리스도 안에서 예가 되니 그런즉 그로 말미암아 우리가 아멘 하여 하나님께 영광을 돌리게 되느니라"(고린도후서 1:20)

이 모든 기도에 대한 보증은 누가 하시는 것인가요? 누가 인감도장을 찍고 허락을 합니까? 이 기도를 가르치신 분이 누구시라고요? 하나님과 우리 사이에 친히 보증자가 되시는 분이 누구세요? 바로 예수님입니다.

우리는 오로지 하나님 앞에서만 '아멘'하는 사람들입니다. 하나님 앞에서는 아멘 외에는 우리가 선택할 것이 아무것도 없습니다.

주기도가 아멘으로 끝나는 것은 "그것이 바로 진리입니다. 기도의 내용대로 살겠습니다." 세상의 가치관을 거스르는 아주 위험한 기도입니다. 동시에 이 기도는 세상의 질서가 흔들리고 바로잡히는 역사가 일어나게 하는 선전포고입니다.

3. 생각할 점

3.1 송영의 기도를 하는가?

이 송영의 기도가 여러분의 입술에 삶으로 잘 연결되고 있으신가요? 과연 나의 삶이 주님의 다스림, 주님의 통치를 받고자 하는 진정한 열망이 있으세요? 정작 기도의 깊은 골방에 들어가는데 얼마나 열심을 내고 있습니까? 과연 등짝이 당기고 창자가 뒤틀리듯 하나님께 부르짖지만 우리가 간구하는 기도의 최종 목적지는 어디 입니까?

여러분 주위를 한 번 둘러보십시오. 많은 그리스도인들이 주기도문을 수없이 입으로 되뇝니다. 하지만 주기도문과 전혀 상관없는 삶을 살지요. 그들은 분명히 구속받은 하나님의 자녀입니다. 빛의 자녀라고 자부합니다.

그럼에도 불구하고 찬란한 송영을 단 한 번도 경험하지 못한 채 어두운 뒷골목을 힘겹게 걸어가고 있지는 않습니까? 그들은 하나님의 나라와 세상 나라에 끼여서 갈등과 두려움과 어두움에 가득 찬 삶을 삽니다. 하나님의 나라에서는 신앙이 없어 버림받고, 세상 나라에서는 세상을 버렸기 때문에 또한 버림받는 사람들이 되었습니다.

환란과 시련을 만나면서도 하나님의 나라의 다스림이 무엇인지? 권능을 경험하는 기도가 무엇인지? 하나님의 영광을 위하여 이바지하는 것이 무엇인지? 전혀 감각하지 못한 채 방종한 삶을 살고 있습니다. 단언컨대, 이것은 주님이 우리에게 주기도문을 가르쳐 주신 목적에 정면으로 위배하는 삶입니다.

3.2 나라와 권세와 영광이 영원히 아버지의 것입니다.

여러분! 어떻게 해야 주기도문에 잇대인 교회가 될까요? 뛰어난 설교자요. 행정가요. 성인군자와 같은 목사님이 그 교회를 운영할 때 가능합니까? 세상의 효율과 합리성과 해박(該博)한 지식을 갖춘 CEO나 이사와 같은 장로님이 많을 때 가능한 건가요?

얼마든지 교회 안에서도 '주님의 이름을 빙자'하여 '자기 열심을 가지고' '자기 충동'으로 다스리고 권능을 행사하고 영광을 받을 수' 있습니다. 그래서 한국교회에 얼마나 많은 상처를 받고 무서운 비극이 일어났습니까?

여러분의 교회 안에 내 지혜, 내 노력, 내 수고가 아니라 주님의 다스림과 임재가 있습니까? 진정한 주인이 주님이시며, 주님의 권능의 손에 이끌리며 주님께 영광 돌리는 참된 주기도문의 교회가 되고 있습니까? 그래서 저는 주기도문과 사도신경을 교회 현관문에 달고 싶습니다.

이건 장식이 아니라 우리 교회는, 우리 가정은 우리 부부 사이에는 자녀 사이에는 하나님의 나라가 임하며, 주님의 통치권을 내어 드리고 그의 권세 앞에 굴복하고 모든 영광을 사람이 아니라 하나님께 올려 드리는 교회입니다. 이런 선언적 고백을 하고 싶습니다.

여러분의 가정과 교회가 진정한 천국을 다스림을 영광을 경험할 수 있기를 바랍니다.

3.3 나라와 권세와 영광이 영원히 아버지의 것이라는 고백 앞에서

혹시나 분주함 가운데 이 기도의 골방을 상실하고 있지 않으세요? 그렇다면 우리의 영혼은 메마르고 시들 수밖에 없습니다. 영혼을 가진 인간의 운명이 갈라지는 교차로는 바로 주기도문입니다.

인간의 영혼은 하나님을 향한 기도의 자리로 나아갈 때만 다시 살아납니다. 그 나라와 그 권세와 영광이 영원히 아버지의 것입니다. 이 고백 앞에 진실하게 서 보십시오. 정말 이 고백을 거울삼아 서 보세요.

"엄위하신 하나님 위엄 앞에 우리는 정말 티끌 같은 피조물이구나. 때문에 무릎 꿇고 두려워 떨 수밖에 없구나." 생각이 들지 않습니까?

바로 그때 우리는 "아버지의 이름이 거룩히 여김을 받고, 그 나라가 이 땅에 온전히 이루어져 아버지의 뜻이 성취됩니다. 그 안에서 하나님은 영광을 받으세요." 우리는 그 안에서 한없이 행복한 존재들이 됩니다.

이때 우리 믿음의 선배들은 찬송가 "높은 산이 거친 들이 초막이나 궁궐이나 내 주 예수 모신 것이 그 어디나 하늘나라"라는 참된 고백을 했습니다.

여러분! 이것 말고 또 어떤 소명이 있습니까? 또 어떤 생애 목적이 있습니까? 우리의 혈관에 피가 마르고, 우리의 입술의 혀가 굳어지기 전까지 우리는 무시무시한 주기도문의 송영을 고백할 겁니다. 그렇다면 주기도문에 걸 맞는 능력의 삶을 사셔야 합니다.

그런 사람들이 되기 위하여 하나님이 우리 한 사람, 한 사람을 그리스도 예수의 피로 씻어 다시 이 세상에 빛으로 삼으셨습니다.

✿ ✿ ✿

주기도문의 강해는 아쉽게도 이 송영으로 끝을 맺습니다. 그렇지만 주기도문의 삶은 이제 겨우 시작일 뿐입니다. 주기도문에 담긴 위대한 경륜들을 우리의 삶으로, 우리의 말로, 우리의 복음 전파로, 우리의 윤리적인 삶으로 사람들에게 빛처럼 진정한 송영(頌榮)을 드러내는 삶을 사십시오.

원래 한자로 칭송할 송(頌)에 노래할 영(詠)을 씁니다. 저는 일부러 제목을 영화 영(榮)자로 바꾸어 봤습니다. 영화롭게 불러야 할 노래로 삶으로 기억하기 위해서이죠?

마지막 주님의 품에 안기는 그날까지 주기도문의 송영에서 송영으로 어어 지는 충성스런 주님의 자녀들이 되시기를 바랍니다.

함께 읽으면 좋아요~!

하나님의 열심

존 파이퍼, 부흥과 개혁사, 2003.

천지창조의 목적

조나단 에드워즈, 솔로몬, 2014.

9장 주기도문을 마치며 요약

1. 성경에 괄호로 묶인 것은 어떤 성경 사본에는 기록되어 있지만, 어떤 성경 사본에는 기록되지 않았음을 의미합니다. 주기도문의 송영은 성경의 원본에서부터 기록되어 있었던 것으로 추측되며, 초대교회 때부터 주기도문은 언제나 송영과 함께 드려진 것이 교회의 전통입니다.

2. 대개(大蓋)라는 말은 송영이 주기도문 모두를 담아내는 선언적 마침이며 하나님께 대한 감사와 찬양임을 시사합니다.

3. 하나님 나라는 기도의 이유이며, 하나님 권세는 기도응답을 확신하는 근거이며, 하나님 영광은 우리 기도의 목적입니다.

4. 주님이 제자들에게 가르쳐 주신 기도는 '아멘'으로 끝나면서 기도가 응답될 것을 보증합니다. 이것은 긍정적인 자기 확신이나 심리적 자기암시가 아니라, 예수님께서 하나님과 우리 사이에 친히 보증인이 되어 주신다는 신앙고백이며, 동시에 우리는 드려진 기도에 마음을 쏟아 붓고 그 기도를 이루기 위해 책임을 떠맡겠다는 선언입니다.

5. 지금까지 고백하고 간구한 주기도문은 세상의 가치와 질서를 거부하고 거슬러 하나님 중심의 삶을 살아가겠다는 선언적 고백임을, 마지막 송영이 확언하고 있습니다. 이것이 오늘날 교회와 성도가 회복해야 할 가치요 자세입니다.

9장 주기도문을 마치며 | 소그룹 나눔

1. 주기도문의 마지막 부분을 송영(頌榮)이라고 부릅니다. 모든 기도를 마칠 때 송영을 마지막으로 하는 의미가 무엇일까요? 각자의 생각을 나누고 토론해 봅시다.

2. 모든 나라와 권세와 영광을 하나님께 돌린다는 말이 단순한 인사치레가 아니라 세상을 거스르는 '위험한' 고백이라고 했습니다. 우리 주변의 생활과 인간관계에 있어서 "이 고백을 적용해야지"라는 도전을 받는 부분이 있었다면, 각자의 신앙적 도전을 나누어봅시다.

3. 지금까지 주기도문을 배우면서 깨닫고 알게 된 부분을 서로 나누면서 자연스럽게 내용을 정리해 볼까요? 또 주기도문에 대해서 함께 은혜를 나눈 소감과 결단을 나누면서 모임을 마치겠습니다.

참고문헌

김세윤. 『주기도문』. 서울: 두란노. 2000.

김영봉. 『가장 위험한 기도 주기도』. 서울: IVF. 2013.

김홍전. 『주기도문 강해』. 서울: 성약. 2008.

박성민. 『기도와 신앙고백의 패러다임』. 서울: 순출판사. 2003.

백금산. 『만화 웨스트민스터 소교리문답』. 서울: 부흥과개혁사. 2010.

이성호. 『특강 하이델베르크문답(하)』. 안산: 흑곰북스. 2013.

이재철. 『성숙자반』. 서울: 홍성사. 2007.

이중표. 『별세의 기도』. 서울: 쿰란출판사. 1996.

정용섭. 『주기도란 무엇인가』. 서울: 홍성사. 2011.

정훈택. 『산상설교 모음 강의안』.

채영삼. 『삶으로 드리는 주기도문』. 서울: 이레서원. 2014.

최갑종. 『1세기 문맥에서 본 주기도문 연구』. 서울: 성광문화사. 1992.

홍정길. 『주기도문강해』. 서울: 크리스챤서적. 1999.

황희상. 『특강 소요리문답(하)』. 안산: 흑곰북스. 2012.

황원하. 『하이델베르크 요리문답 해설』. 대구: 교회와 성경. 2015.

Bell, Albert A. Jr. Metzger, Bruce Metzger. 오광만 역. 『신약시대의 사회와 문화』. 서울: 생명의말씀사. 2009.

Pronk, Cornelis. 임정민 역. 『(하이델베르크 교리문답으로 보는) 사도신경 십계명 주기도문』. 서울: 그책의사람들. 2014.

Thielicke, Helmut. 박규태 역. 『세계를 부둥켜 안은 기도』. 서울: 홍성사. 2008.

H. Jagersma. 배용덕 역. 『신약배경사』. 서울; 솔로몬 말씀사. 1993.

DeYoung, Kevin. 신자철 역.『왜 우리는 하이델베르크 교리문답을 사랑하는가』. 서울: 부흥과개혁사. 2012.

Machen, John Gresham. 신석준 역. 『메이첸 헬라어 꼭 알아야 할 293가지 그라마』. 서울: 솔로몬. 2006.

Hauerwas, Stanley. Willimon, William. 이종태 역. 『주여, 기도를 가르쳐 주소서(주기도와 하나님 나라)』. 서울: 복있는사람. 2006.

Keller, Timothy. 최종훈역. 『기도: 의무를 지나 기쁨에 이르는 길 찾기』. 서울: 두란노서원. 2015.

Josephus, 김지찬 역. 『요세푸스: 유대고대사』. 서울: 생명의말씀사. 2006.

미주

1) 김영봉, 『가장 위험한 기도 주기도』(서울: IVF, 2013), 29; 최갑종, 『1세기 문맥에서 본 주기도문 연구』(서울: 성광문화사, 1992), 120-124 참조.

2) 박성민, 『기도와 신앙고백의 패러다임』(서울: 순출판사, 2003), 17-19 참조.

3) 김영봉, 『가장 위험한 기도 주기도』(서울: IVF, 2013), 28.

4) 백금산, 『만화 웨스트민스터 소교리문답』(서울: 부흥과개혁사, 2010), 183.

5) 김세윤, 『주기도문』(서울: 두란노, 2000), 19-23; 최갑종, 『1세기 문맥에서 본 주기도문 연구』, 125-130.

6) 그 자세한 내용은 H. Jagersma, 『신약배경사』(서울; 솔로몬 말씀사, 1993), 153-176. 엘버트 벨, 『신약시대의 사회와 문화』(서울: 생명의말씀사, 2009), 72-89; 요세푸스, 『유대고대사』 등을 참조하세요.

7) 이재철, 『성숙자반』(서울: 홍성사, 2007), 191.

8) Timothy Keller, Prayer: Experiencing Awe and Intimacy with God (Dutton, 2014); 최종훈역, 『기도: 의무를 지나 기쁨에 이르는 길 찾기』(서울: 두란노

서원, 2015), 159.

9) 최갑종, 『1세기 문맥에서 본 주기도문 연구』 (서울: 성광문화사, 1992), 190.

10) '[9] οὕτως οὖν προσεύχεσθε **ὑμεῖς· Πάτερ** ἡμῶν ὁ ἐν τοῖς οὐρανοῖς· ἁγιασθήτω τὸ ὄνομά σου· [10] ἐλθέτω ἡ βασιλεία σου· γενηθήτω τὸ θέλημά σου, ὡς ἐν οὐρανῷ καὶ ἐπὶ γῆς·'

③ "(당신의) 뜻이 하늘에서 이루어진 것 같이 땅에서도 이루어지이다"는 앞의 청원에 "② "(당신의) 나라가 임하시오며"에 대한 부연설명입니다. 그리고 첫 청원 ① "(당신의) 이름이 거룩히 여김을 받으시오며"까지 전체적으로 청원이라기보다는 찬양에 가까운 형태로 볼 수 있습니다.

11) 최갑종, 『1세기 문맥에서 본 주기도문 연구』(서울: 성광문화사, 1992), 191-193.

12) 박성민, 『기도와 신앙고백의 패러다임』 (서울: 순출판사, 2003), 29. 그들은 하나님의 유일한 이름이라고 할 수 있는 '여호와'라는 명칭을 감히 읽지 못해서 '아도나이'주님이라고 읽었습니다. 그뿐 아니라 유대회당에 있는 그들의 정경(canon)인 '타낙'(TaNak), 토라(Torah)라는 모세오경, 나비힘(Nabihim)이라는 예언서, 그리고 카투빔(Kathubim)이라는 시편, 역사서 등을 포함한 경전으로 세 구성 요소의 앞 자를 땄습니다.

13) 최갑종, 『1세기 문맥에서 본 주기도문 연구』(서울: 성광문화사, 1992), 300-306.

14) Cornelis Pronk, 『하이델베르크 교리문답으로 보는 주기도문』 (서울: 그책의사람들, 2014), 45.

15) 최갑종, 『1세기 문맥에서 본 주기도문 연구』(서울: 성광문화사, 1992), 212.

16) 김홍전, 『주기도문 강해』 (서울: 성약, 2008), 18.

17) 김홍전, 『주기도문 강해』(서울: 성약, 2008), 15.

18) 박성민, 『기도와 신앙고백의 패러다임』(서울: 순출판사, 2003), 31.

19) 박성민, 『기도와 신앙고백의 패러다임』(서울: 순출판사, 2003), 39.

20) 황희상, 『특강 소요리문답(하)』(안산: 흑곰북스, 2012), 291.

21) ἁγιασθήτω 동사 직설법 부정과거 수동태 3인칭 단수, ἁγιάζω에서 유래 ἁγιάζω 거룩하게 하다, 축성하다, 바치다, 깨끗하게 하다: 마23:17,19; 요10:36; 고전7:14; 히 9:13. οἱ ἡγιασμένοι 거룩하게(순결하게) 된 성도. 행20:32. 거룩하게 대하다, 신앙을 갈망하다 마6:9; 벧전3:15.

22) 백금산, 『만화 주기도문』, 107이하.

23) 황희상, 『특강 하이델베르크문답(하)』(안산: 흑곰북스, 2013), 200. 출애굽기 32장 하나님을 스스로 나타내는 것; 에스겔 36장 하나님이 나의 거룩함을 나타낸다고 하셨다. 그러나 주기도문에서는 기도하는자 즉 화자와 청자가 있는 법이다.

24) 이재철, 『성숙자반』

25) 메이천, 『헬라어 꼭 알아야 할 293가지 그라마』. 347.

26) 이중표, 『별세의 기도』, 49.

27) 최갑종, 『1세기 문맥에서 본 주기도문 연구』, 218; 백금산, 『만화 주기도문』, 106-107.

28) 정훈택, 『산상설교』

29) 이재철, 『성숙자반』(서울: 홍성사, 2007), 204.

30) 박성민, 『기도와 신앙고백의 패러다임』, 49.

31) 최갑종, 『1세기 문맥에서 본 주기도문 연구』, 234.

32) Helmut Thielicke, 『세계를 부둥켜 안은 기도』(서울: 홍성사, 2008), 102; 김영봉, 『가장 위험한 기도 주기도』, 108.

33) 최갑종, 『1세기 문맥에서 본 주기도문 연구』, 236. 각주 48번 참조.

34) 김영봉, 『가장 위험한 기도 주기도』, 110.

35) 최갑종, 『1세기 문맥에서 본 주기도문 연구』, 163.

36) γενηθήτω 동사 직설법 부정과거 수동태 3인칭 단수, γίνομαι에서 유래

37) 이재철, 『성숙자반』, 209

38) 김영봉, 『가장 위험한 기도 주기도』, 127.

39) Kevin DeYoung, 『왜 우리는 하이델베르크 교리문답을 사랑하는가』, 414.

40) Helmut Thielicke, 『세계를 부둥켜 안은 기도』, 119.

41) 김영봉, 『가장 위험한 기도 주기도』, 130.

42) 채영삼, 『삶으로 드리는 주기도문』 (서울:이레서원, 2014), 101.

43) Stanley Hauerwas, 『주여, 기도를 가르쳐 주소서』, 110

44) Timothy Keller, *Prayer: Experiencing*, 165.

45) 이성호, 『특강 하이델베르크문답(하)』 (안산: 흑곰북스, 2013), 215.

46) 김영봉, 『가장 위험한 기도 주기도』, 132

47) 황희상, 『특강 소요리문답(하)』 (안산: 흑곰북스, 2012), 314.

48) Helmut Thielicke, 『세계를 부둥켜 안은 기도』, 119.

49) 황희상, 『특강 소요리문답(하)』, 318.

50) 정용섭, 『주기도란 무엇인가』(서울: 홍성사, 2011), 116.

51) 최갑종, 『1세기 문맥에서 본 주기도문 연구』, 287-288.

52) 정훈택, 『산상설교 모음 강의안』, 325.

53) '일용할'은 말은 문맥에 의해서 세 가지의 해석이 가능하다. ① 생존에 필요한 ② 오늘을 위한 ③ 내일을 위한. 백금산, 만화 주기도문, 189.

54) Timothy Keller, 『기도』, 166-167.

55) "곧 헛된 것과 거짓말을 내게서 멀리 하옵시며 나를 가난하게도 마옵시고 부하게도 마옵시고 오직 필요한 양식으로 나를 먹이시옵소서"(잠언 30:8)

56) 김영봉, 『가장 위험한 기도 주기도』, 155.

57) Helmut Thielicke, 『세계를 부둥켜 안은 기도』, 154.

58) Kevin DeYoung, 『왜 우리는 하이델베르크 교리문답을 사랑하는가』, 423.

59) 이성호, 『특강 하이델베르크문답(하)』, 227; 정용섭, 『주기도란 무엇인가』, 117; 채영삼, 『삶으로 드리는 주기도문』, 13; Stanley Hauerwas, 『주여, 기도를 가르쳐 주소서』, 126.

60) 김홍전, 『주기도문 강해』, 93.

61) 김영봉, 『가장 위험한 기도 주기도』, 162.

62) ὀφειλέταις 명사 남성 복수 여격, ὀφειλέτης οὐ ὁ(채무자)에서 유래함. 마18:24. 의무를 가진 사람. ὀφειλέτην εἶναι 의무 아래 있는 사람 롬1:14; 8:12; 15:27; 갈 5:3. 죄를 선고 받은 사람, 과실범 마6:12; 죄인 눅13:4.

63) ἀφήκαμεν 동사 직설법 부정과거 능동태 1인칭 복수 ἀφίημι—1. 가게 하다, 보내다 막4:36; 포기하다 마27:50; 완전한 막 15:37; 이혼하다

64) ὀφειλήματα 명사 중성 복수 목적격, ὀφείλημά ατος에서 유래함. 채무, 소유물, 의무 롬4:4. 빚 = 죄 마6:12.

65) ἁμαρτίας 명사 여성 복수 목적격, ἁμαρτία ἁμαρτίά ας ἡ σιν에서 유래함. 정욕적 행위

66) 최갑종, 『1세기 문맥에서 본 주기도문 연구』, 294-295.

67) 박성민, 『기도와 신앙고백의 패러다임』, 66.

68) 이재철, 『성숙자반』, 218.

69) 황원하, 『하이델베르크』, 604.

70) 이성호, 『특강 하이델베르크문답(하)』, 234.

71) 김영봉, 『가장 위험한 기도 주기도』, 171

72) Stanley Hauerwas, 『주여, 기도를 가르쳐 주소서』, 140.

73) 김영봉, 『가장 위험한 기도 주기도』, 173

74) 박성민, 『기도와 신앙고백의 패러다임』, 69.

75) 이성호, 『특강 하이델베르크문답(하)』, 237.

76) 곡언법이란 '좋다'(good)라는 표현 대신에 '나쁘지 않다.'(not bad)를 사용하는 표현법이다. 성경의 예) "(요 6:37) 아버지께서 내게 주시는 자는 다 내게로 올 것이요 내게 오는 자는 내가 결코 내쫓지 아니하리라" 비슷한 내용을 반복하며 자주 나오는데, 반대로 표현함으로 의미를 전달하는 것이다. 즉, 여기서 쫓을 수도 있음을 말하고 있기보다는 '절대적으로 환영하며 받아들이겠다'는 것을 말한다. 박성민, 『기도와 신앙고백의 패러다임』, 71 참조.

77) 정용섭, 『주기도란 무엇인가』, 167; 황원하, 『하이델베르크』, 618.

78) 홍정길, 『주기도문』; 김영봉, 『가장 위험한 기도 주기도』, 180. "이 말은 중성으로 받아서 "악한 자에게서 우리를 구하옵소서. 악한 자의 손아귀잡히지 않도록 구해달라."라고 해석하는 학자들이 많습니다." " 서로 분방하지 말라 다만 기도할 틈을 얻기 위하여 합의상 얼마 동안은 하되 다시 합하라 이는 너희가 절제 못함으로 말미암아 사탄이 너희를 시험하지 못하게 하려 함이라"(고린도전서 7:5)

79) 하늘 아래 살 수 없는 원수, 죽여 없애야 할 원수.

80) Timothy Keller, 『기도』, 169. 재인용.

81) 채영삼, 『삶으로 드리는 주기도문』, 160.

82) 김영봉, 『가장 위험한 기도 주기도』, 201.

83) 김영봉, 『가장 위험한 기도 주기도』, 197-199.

84) Stanley Hauerwas, 『주여, 기도를 가르쳐 주소서』, 164.

85) 김영봉, 『가장 위험한 기도 주기도』, 203; 정용섭, 『주기도란 무엇인가』, 176.

86) '영광'은 히브리어 '카봇'을 번역한 말입니다. '무서운 것, 중요한 것'이라는 의미로 발전했고, 나중에는 '빛남' '높음' '중요함' 등의 의미로 발전했습니다.

저자소개 : 최영인 목사

목회자의 소명을 받아 총신대학교에서 신학대학원 (M.div)을 졸업한 후, 논문 "김남준 목사 설교에 대한 연구: 설교학적"으로 동 대학 신학석사 (Th.M) 를, 논문 "성경플롯을 드러내는 성경적 이야기식 설교 연구: 창세기를 중심으로"로 동 대학 신학박사(Ph.D)를 취득하였습니다.

2015년부터 담임목사로 섬기고 있는 사월교회는 성경에 정확무오한 하나님 말씀의 권위를 두고 역사전통적 신앙고백을 가르치고 고백하는 개혁교회를 추구하며, "All 바른: 바른 말씀, 바른 목양, 바른 신앙"이라는 표어 아래, 인본주의적 신학과 목회가 범람하는 현대사회에 하나님 중심의 신앙을 회복하고자 노력하고 있습니다.

공식 홈페이지	http://www.sawolch.com/
공식 페이스북	https://www.facebook.com/sawol.church
설교영상 시청	유튜브에서 "사월교회" 또는 "최영인 목사" 검색

주님이 제자들에게 가르쳐 주신 기도

주기도문

지은이 최영인
펴낸이 김동현
펴낸곳 민영사 임프린트 예사람
펴낸날 2018년 4월 1일 초판

주소 서울시 성동구 독서당로 39길 43 1층
전화 (02)711-1224, 711-1225
팩스 (02)711-1226
등록 2014년 1월 1일 제2014-000001호
Home http://www.minyoungsa.com
E-mail myspub@hanmail.net

ISBN 979-11-86378-24-3 03230
정가 7,000원

※ **예사람**은 예수 닮기 소망하는 사람들이라는 뜻으로 문서 선교를 위한 **민영사**의 기독교 임프린트입니다.